3024973200

BO K

D1438413

UNE SAISON À LA RENARDIÈRE

Stirling University Library
WITHDRAWN
MAY NOT BE COPIED or SOLD

DU MÊME AUTEUR

Description de la culture de l'Île Verte, monographie, Ottawa, Musée national du Canada, 1954.

Belle-Anse, monographie, Ottawa, Musée national du Canada, 1957.

Les Nouveaux citoyens, en collaboration avec Robert Sévigny, Montréal, Service des publications de Radio-Canada, 1964.

La Société canadienne-française, Montréal, HMH, 1971.

La Nation et l'École, collection MLF, no 2, Montréal, 1966.

Rapport de la Commission d'enquête sur l'enseignement des arts au Québec, Montréal, l'Éditeur officiel du Québec, 1969.

La Question du Québec, Paris, Seghers, 1969; Montréal, collection Typo, l'Hexagone, 1987.

Idéologie et Aliénation dans la vie quotidienne des Montréalais francophones, en collaboration avec Yves Lamarche et Robert Sévigny, Montréal, les Presses de l'Université de Montréal, 1973.

Les Québécois, Paris, le Seuil, 1974.

Essai de sociologie critique, Montréal, Hurtubise HMH, 1978.

Deux pays pour vivre: un plaidoyer, en collaboration avec Susan Crean, Montréal, Éditions coopératives Albert Saint-Martin, 1980.

Pour prendre publiquement congé de quelques salauds, Montréal, l'Hexagone, 1981.

Le Besoin et le Désir, Montréal, l'Hexagone, 1984.

MARCEL RIOUX

Q
71·404
RIO

Une saison à la Renardière

chronique

l'HEXAGONE

569
11/88

Éditions de l'HEXAGONE
900, rue Ontario est
Montréal, Québec H2L 1P4
Téléphone: (514) 525-2811

Maquette de couverture: Jean Villemaire
Illustration de couverture: Solange Rioux

Photo de l'auteur: Kèro

Photocomposition: Atelier LHR

Distribution: Québec Livres
4435, boulevard des Grandes-Prairies
Saint-Léonard, Québec H1R 3N4
Téléphone: (514) 327-6900, Zénith 1-800-361-3946

Réplique Diffusion
66, rue René-Boulanger, 75010 Paris, France
Téléphone: 42.06.71.35

Dépôt légal: deuxième trimestre 1988
Bibliothèque nationale du Québec
Bibliothèque nationale du Canada

© 1988 Éditions de l'Hexagone et Marcel Rioux
Tous droits réservés pour tous pays
ISBN 2-89006-290-2

TROIS-PISTOLES

Parlement des loups-marins
évachés sur les pierres
borborygmes des océans
séchoirs à cormorans
moucherolles et pimbina
chevaliers des Trois-Pistoles
huards plongeux et maubèches
voiliers de canards
en rase-mottes
récolte des sangsues
d'en dessous des pierres
le soleil couchant
étendait ses draps sur la mer
Saguenay des étendards et des fanions
Laurentides mal polies
Renardière des départs
et des retours
garde ma place
mon vieux Marcel
dans les hamacs du deuxième

Gérald GODIN
Ils ne demandaient qu'à brûler

AVANT-PROPOS

Je ne sais pas s'il arrive souvent que, voulant écrire sur un sujet donné, on se rende compte en se relisant qu'on a fait autre chose. C'est mon cas. Je voulais écrire une sorte de bilan de mes idées sur divers sujets, je l'avais intitulé *Tout bien considéré*; je m'aperçois avoir écrit plutôt une chronique, au gré des événements et de mes lectures. Je change donc de titre, quitte à conserver les remarques qui auraient pu prendre place dans le bilan proposé.

Puisque je désire m'exprimer au gré de mes humeurs, ma façon d'y parvenir est d'écrire tous les jours, autant que faire se peut, et de dater, au fur et à mesure, ce qui vient sous ma plume, à la manière d'un journal. Pour définir plusieurs de mes positions, je ne manquerai pas de commenter certaines lectures ni de réagir à l'actualité. Je ne pousserai pas la coquetterie aussi loin que Léautaud qui tenait des journaux différents selon les thèmes qu'il abordait. Je ne crois pas, non plus, que je serai aussi salace que lui, celle qui aurait pu tenir dans ma vie le rôle de Marie Dormoy n'a rien à craindre de moi.

Le titre de ces propos pourrait être *Une saison à la Renardière*, la saison commençant à la mi-printemps pour s'achever à la mi-automne. C'est parce qu'on m'a dit que je suis un Rioux dit Renard que j'appelle Renardière ma maison du fleuve.

M.R.
Trois-Pistoles, le 15 mai 1986

Le 15 mai

Avant d'entreprendre la rédaction de ces remarques, le hasard a voulu que je lusse d'affilée *Amérique* de Jean Baudrillard, *l'Identité de la France* de Fernand Braudel et une bonne partie de l'autobiographie de Leonard Woolf, le mari de Virginia. Si Baudrillard se demande: «Comment peut-on être européen?» et que Braudel et Woolf ne peuvent être que français et anglais, le Québécois que je suis occupe une position assez originale, et c'est presque un truisme que de le dire: n'étant ni européen, ni américain, j'emprunte des traits à l'un et à l'autre. Et c'est probablement pour cette raison que, tout au long de leur histoire, les Québécois se sont interrogés sur leur identité. Encore faut-il rapidement ajouter qu'en cette matière les Québécois font montre, aujourd'hui, d'une diversité qui m'apparaît assez bariolée; c'est sans doute une question d'âge, d'habitat, d'éducation et de traditions. Il n'est pas sûr que ce kaléidoscope ne soit pas, justement, un indice de la spécificité culturelle complexe des Québécois. Spécificité qu'il est plus facile de définir négativement par rapport au reste de l'Amérique du Nord et de l'Europe que positivement, tellement elle est — ou était — singulière.

Il n'en reste pas moins, pour dire les choses un peu vite, que ce que nous partageons avec les Américains c'est l'américanité, qui tient plus de l'habitat que de la culture; il m'a toujours semblé, en effet, que nous sommes, comme nos voisins, un peuple de l'espace plutôt que du temps. En discourant sur l'Amérique, Baudrillard met en relief cet espace, ces grands espaces qui contrastent tant avec ceux de l'Europe. Et, parce que nous partageons un continent avec les Américains, il n'est pas évident qu'à la longue notre évolution, qui s'accélère surtout depuis que nous avons rejoint le siècle, ne suivra pas la pente de notre américanité. Dans une de ses seules allusions — sinon la seule — au Québec, Baudrillard écrit: «À Montréal, tous les éléments y sont — les ethnies, les buildings, l'espace nord-américain — mais sans l'éclat et la violence des villes [américaines].»

Sans le désirer le moindrement et souvent sans m'en rendre compte, je m'aperçois que, dans mes premières réflexions sur le Québec et peut-être aussi sur d'autres sujets que j'aborderai, je suis plutôt pessimiste. Pour ceux d'entre nous qui ont vécu leur vie adulte pendant les trois dernières décennies et plus, l'année 1986 n'a rien de bien réjouissant. Toutes les causes que nous avons défendues — indépendance du Québec, socialisme, autogestion, anti-cléricalisme — marquent aujourd'hui un recul certain. Et qui n'est pas seulement lié à la prise du pouvoir à Ottawa, en septembre 84, par un gouvernement conservateur; l'an-née suivante, le Parti québécois, auquel nous avons cru, était tellement affadi qu'il faillit être balayé de la carte électorale par les troupes de M. Bourassa, celui-là même que le peuple avait renvoyé chez lui en 1976. Non, tout se passe comme si le peuple québécois avait livré encore un baroud d'honneur pendant le dernier quart de siècle et qu'aujourd'hui était venu le temps des gestionnaires, le temps des entreprises privées, celles qui ont pignon sur rue et celles qui se cachent dans l'ombre des majorités silen-cieuses. En d'autres termes, c'est le temps de liquider des biens collectifs. D'ailleurs, le Québec n'est pas en reste avec la plupart des pays occidentaux qui, l'un après l'au-tre, épousent eux aussi un conservatisme pur et dur. L'URSS demeure égale à elle-même et vise toujours l'hégémonie mondiale. De quelque côté que l'on se tourne, les nuages s'amoncellent; souvent ils sont porteurs de radiations nucléaires et de pluies acides. Les attentats terroristes dans le monde font maintenant partie de notre quotidien; partout la liberté régresse et les droites relèvent la tête.

Un ami très cher me demandait il y a quelque temps si ceux d'entre nous qui ont longtemps combattu pour des idéaux de paix, de justice, d'indépendance, et de liberté de création n'avaient pas, tout simplement, perdu leur temps. Leonard Woolf explique dans son autobiographie que lui et ses amis anglais avaient cru à l'avènement de la civilisation au début du siècle, surtout après la réhabilitation de Dreyfus; suivirent pourtant deux guerres mondiales. Au Québec, c'est après la Deuxième Grande Guerre que ces idéaux — nous ne parlions pas alors de «civilisation» parce que nous ne parlions pas à l'abri d'un empire mais contre les empires (britannique justement, et américain) — que ces idées et ces sentiments commencèrent à nous gagner. Le Québec attira peut-être à cette époque-là l'attention d'autres peuples parce qu'il exprimait une espèce de matin du monde avec sa candeur et sa foi en l'homme. Maintenant, il faut déchanter et nous contenter de regarder passer le train des nouvelles technologies et, quelquefois, de le prendre.

Puisque, comme le disait Mauriac, certains d'entre nous approchent de l'instant où ils vont devoir remettre leur dernière copie, peut-être est-ce le moment, non pas de faire amende honorable, mais d'écrire, de se relire, de persister et de signer, après avoir tout bien considéré. Les gens de l'Isle-aux-Coudres, quand ils font revivre «pour la suite du monde» la pêche aux marsouins, nous donnent l'exemple de ceux qui ne désespèrent pas et qui préparent de nouveaux combats. C'est donc un peu pour «la suite du Québec» que, un jour où une panne d'électricité me garda prisonnier toute une journée dans mon pigeonnier au 20e étage, j'eus l'idée de ce petit volume; j'essaie aujourd'hui de le réaliser, face au grand Saint-Laurent qui ne peut pas, malgré qu'il en ait, être insensible à l'acharnement de ses riverains et à leurs rêves de liberté et d'indépendance!

Restera à expliquer pourquoi un peuple moins nombreux que la moitié de la population de New York s'obstine à durer et, comme le disait Maurice Clavel, aspire à advenir pleinement. Et tout cela aux marches mêmes de l'Empire américain, dont Baudrillard écrit qu'il «est la seule grande société primitive des temps modernes». C'est sans doute que le destin a voulu que nous ne fussions pas uniquement un peuple de l'espace, à la fois parce que nous ne possédons pas les grands déserts américains qui impressionnent tant Baudrillard, et parce que pour survivre notre peuple a dû se souvenir et tenter de conserver sa culture. En Amérique au contraire, estime le même Baudrillard, ce sont l'amnésie et l'inculture qui règnent. Mais la partie n'est pas gagnée pour autant! Pour nous, s'entend. Les liquidateurs qui sont au pouvoir à Québec n'ont que faire de ces denrées — mémoire et culture — qui freinent l'intégration à l'Empire. Mulroney, le clown régnant à Ottawa, est plutôt contre et on peut parier qu'il les mettra dans la moulinette du libre-échange. Ne faut-il pas tout déterritorialiser, de peur que quelques fibres d'humanité ne viennent gripper les sourires prophylactiques des deux protagonistes: Reagan et Mulroney? Pour parler comme Baudrillard, jamais le simulacre ne se sera mieux porté. Le cancer vous gagne, souriez! Certains de vos ministres et de vos députés sont concussionnaires, souriez et resouriez! Vous êtes, bien évidemment, au-dessus de tout cela, dans votre nuage médiatique où seuls comptent vos dents blanches et les charmes de vos épouses!

En ce printemps 86 où je commence cette chronique, j'aimerais faire le point, non seulement sur la question du Québec, mais également sur d'autres questions auxquelles j'ai été mêlé depuis de nombreuses années à titre d'anthropologue et de sociologue... et même à titre personnel. Ce sera la partie la plus difficile, car pensant, dans mes écrits antérieurs, gagner quelque crédibilité auprès de mes éventuels lecteurs, je voulus, me semble-t-il, me dépouiller de toute affectivité et de tout parti pris. Cependant, mises à part certaines courtes années, je ne crois pas m'être jamais défini comme un savant, uniquement épris d'objectivité et de neutralité, mais plutôt comme un intellectuel engagé dans la plupart des débats qui agitaient mon temps. Sans doute suffira-t-il de dire que, de tous les auteurs que j'ai lus et quelquefois étudiés de plus près, c'est le nom de Sartre qui surnage, et de loin! Pourtant, l'âge venant, je n'ai plus rejeté avec autant de mauvaise humeur le principal contemporain de Sartre, Raymond Aron, lequel a réussi à me faire aimer Tocqueville. Par ailleurs, je ne saurais dire pourquoi, je suis demeuré étranger à Max Weber; peut-être est-ce justement parce qu'il se voulait trop objectif. J'ai toujours considéré Weber d'abord comme un historien car, excepté certaines de ses notions et généralisations, l'érudition l'emportait chez lui sur ce que Wright Mills appelait l'«imagination sociologique». Peut-être n'avais-je tout simplement pas la culture historique nécessaire pour l'apprécier à sa juste valeur.

Devenu agnostique assez jeune, j'ai échappé à la mode des écrivains catholiques. À part François Mauriac et Maurice Clavel, je ne puis nommer d'écrivains catholiques qui m'intéressèrent vraiment. Ce fut sans doute pour leur talent de polémiste et de bagarreur que j'ai aimé Mauriac et Clavel et que je les aime toujours. Claudel et, dans un mode mineur, Francis Jammes, me sont toujours des *terrae incognitae*. On faisait autrefois figure de philistin si l'on ne s'inclinait pas bien bas devant Claudel et Péguy et devant les auteurs que le bon Calvet avait choisis pour nous. Quant à moi, je commençai à aimer Zola au moment où ce nom désignait, chez certains prêtres du séminaire de Rimouski, un petit couvre-chef de fourrure en forme de pot de chambre. Faut-il voir là un non-conformisme hérité d'une longue lignée d'habitants dont certains ne se firent pas faute de s'opposer au gouvernement de la Nouvelle-France et de demander au diable de

16

leur venir en aide contre le clergé?

Avec les années, j'en suis venu à me méfier des modes et des engouements de Paris; c'est ainsi que j'ai échappé à Althusser, Poulantzas, Sollers, Lacan et à bien d'autres grands et petits maîtres. Certains de mes collègues et amis y ont aussi échappé, préférant se nourrir d'auteurs américains «virils». Je crois d'ailleurs, pour le meilleur ou pour le pire, que l'influence de Paris est toujours allée en s'amenuisant pendant le quart de siècle que j'ai passé au département de sociologie de l'Université de Montréal. Est-ce un signe de notre américanisation croissante? Ou est-ce un manque d'intérêt pour ces idées, dont sont victimes bon nombre d'étudiants et certains de mes collègues? Bien malin qui saura répondre à ces questions.

Il n'est d'ailleurs pas facile de dire si les étudiants d'aujourd'hui se comparent avantageusement à ceux d'hier. C'est un peu comme au hockey: d'aucuns vous diront que les équipes d'aujourd'hui ne valent pas celles d'hier. Les héros de jadis grandissent dans notre mémoire. Il fut un temps où un professeur ne pouvait citer Marx sans devoir donner le renvoi bibliographique exact, tellement était grande l'érudition de certains étudiants; d'autant que les écoles se multipliaient au gré des interprétations qui elles-mêmes se faisaient de jour en jour plus nombreuses! Chacun choisissait sa maison dans celle du père. Aujourd'hui, il n'y a plus de maison, plus de père; il n'y a plus guère que des *drop in*, des étudiants qui sont là au gré des bourses obtenues et des diplômes à décrocher.

Le 20 mai

Je ne sais pas si le fait d'être d'ascendance bretonne, comme Chateaubriand, explique un certain tempérament romantique chez moi. C'est sûr que comme lui j'aime les tempêtes, la pluie, la bruine et la brume qui, plus que le soleil, permettent de rêver et de s'égarer loin de soi et des autres. Une amie me demandait dans ces moments-là de «délirer», c'est-à-dire d'abandonner les propos rationnels pour divaguer sur des sujets tenant autant du rêve que de l'utopie. Je crois que c'est ce qu'elle voulait, puisque le groupe d'amis que nous formions aimait se dire surréaliste. Quant à moi, encore aujourd'hui je relis Breton et les autres avec la même joie que jadis. Chez moi, il y a une espèce de lien souterrain entre ce que Jules Duchatel appelait la raison et l'utopie. Je n'en veux pour preuve que ce qui m'arriva un jour et que je n'ai jamais su expliquer. Je devais commencer la rédaction finale de mon *Essai de sociologie critique*; je possédais bien mon sujet et le travail de préparation était terminé. Mais je n'arrivais pas à ordonner tous les matériaux et cela me désespérait. Pour oublier ce problème et compenser la peine que me donnait cette recherche de présentation et de cohérence, je m'offris le plaisir de relire *Arcane 17* et le *Manifeste* de 1924. À la fin de cette lecture, aussi invraisemblable qu'il paraisse, je tenais le plan de mon livre. Je courus chez mes amis leur annoncer la nouvelle; ils n'en furent pas autrement surpris, car pour eux le surréalisme pouvait, comme le catholicisme, accomplir tous les miracles. Ma foi n'étant pas aussi vive que la leur, le fait que je viens de rapporter m'est toujours demeuré opaque.

Sans doute à cause de cette fibre surréaliste que je ne saurais renier, j'ai toujours mieux aimé la compagnie des artistes que celle de mes collègues, à moins qu'ils n'aient été eux-mêmes un peu farfelus, ce qui fut rarement le cas. J'ai toujours trouvé difficile à supporter les assemblées du département de sociologie; c'est comme si chacun se donnait la main pour en bannir tout humour et toute loufoquerie. Des gens, charmants dans un rapport plus personnel, deviennent, en assemblée, des coupeurs de cheveux en quatre, adeptes de la ratiocination à outrance, comme si le sort du monde dépendait des maigres décisions qu'il leur est loisible de prendre. Margaret Mead demandait un jour:

«Qu'est-ce qu'un chameau?» Et elle répondait: «C'est un cheval dessiné par un comité!» Combien de ces êtres, à deux bosses ou à une bosse, m'a-t-il été donné de voir naître?

Le 21 mai

Tout compte fait, je crois bien avoir toujours préféré la compagnie des femmes à celle des hommes; c'est graduellement, devrais-je dire, que je suis arrivé à ce choix. En effet, le Québec traditionnel avait une orientation contraire: les garçons et les filles étaient élevés séparément. Était-ce pour éviter le péché, celui de la chair, et pour préserver les vocations sacerdotales que l'on nous isolait soigneusement les uns des autres? Ayant passé sept ans de ma vie dans un pensionnat, à Rimouski, seul avec des garçons de mon âge, il s'était développé là ce que Fox et Tiger appellent, dans leur *Men's Groups*, une espèce de *male bond* qui amène les mâles à éprouver beaucoup de plaisir à se côtoyer et qui favorise entre eux le développement d'un lien plus puissant que celui qui devrait exister entre les hommes et les femmes. Les auteurs font remonter ce phénomène à l'époque, très lointaine dans la vie de l'humanité, où les activités de la chasse dominaient toutes les autres. Mais cela est une autre histoire qu'on peut présenter comme une longue étape dans l'évolution générale de l'humanité. Il m'a toujours semblé qu'au Québec — non pas surtout à cause de la chasse, encore que les mâles y sacrifient volontiers, mais à cause de l'isolement des sexes voulu par l'Église — les générations passées, et celle des plus âgés aujourd'hui, ont eu longtemps des attitudes se rapprochant de celles qu'ont décrites Fox et Tiger. Je me souviens que, dans l'un des premiers villages que j'étudiai, les hommes et les femmes se faisaient photographier séparément, allaient à l'Église séparément et se regroupaient de chaque côté de la nef; le curé entendait les confessions des femmes un jour, celles des hommes le lendemain. Les activités des uns et des autres étaient bien définies: ainsi, seuls les hommes fumaient et sacraient. Au grand dam de certains, tout cela est bien fini aujourd'hui; à l'université, par exemple, il me semble bien que l'on atteint, entre les étudiants, à une égalité non seulement théorique mais pratique. Ce n'est pas le cas dans les institutions ni dans la société.

Quant à moi, je crois m'être libéré assez tôt de cette tradition comme de bien d'autres. La vie monacale m'a toujours paru anachronique et mutilante. Rien ne m'apparut plus triste que cette maison de vieux prêtres que je visitai il y a une dizaine d'années. Chacun y avait développé sa petite marotte et vivait une vie absolument irréelle et dépourvue de toutes les douceurs et imprévus que des présences féminines eussent pu y apporter.

Le 22 mai

Pendant longtemps, les Québécois et Québécoises reçurent leur éducation dans des écoles et des maisons d'enseignement où régnaient religieux et religieuses, donc des gens qu'on peut appeler des vieux garçons et des vieilles filles. Je ne mésestime pas leur dévouement et leur abnégation, mais cette situation n'a pas été sans influer sur l'économie générale des relations intersexuelles. Ces religieux et religieuses, sans aucune attache avouée à l'autre sexe, ont certainement contribué aux représentations que les jeunes se faisaient du sexe opposé ainsi qu'aux comportements qu'ils adopteraient plus tard dans leur vie. J'ai noté qu'au Canada (anglais et protestant), où les religieux et les éducateurs peuvent se marier et élever en famille des enfants, plusieurs de ceux qui ont fait leur marque dans la vie publique étaient fils et filles de religieux. Sans doute nos religieux aidaient-ils de leur mieux les étudiants et étudiantes, mais n'y a-t-il pas une grande différence entre ces largesses sporadiques et la formation reçue dans des familles dispensant quotidiennement éducation et culture? Je suis convaincu que ce fait a eu son importance pendant la période où l'éducation resta le monopole du clergé. Heureusement, ce temps est révolu et il me semble que filles et garçons ont maintenant des rapports beaucoup plus normaux que naguère. Comme tous les Québécois et Québécoises d'un âge certain, j'ai été marqué par ce type d'éducation; je m'en suis partiellement dégagé, car j'ai rejeté bien des choses de ce milieu étouffant et l'image du sexe féminin dont j'avais été imprégné par ces écoles a graduellement changé. Mais l'influence de ces années n'en demeure pas moins tenace. Un religieux appartenant à un ordre enseignant prestigieux, un dominicain, me disait un jour que les histoires salaces qui circulaient au Québec, et on sait qu'elles étaient nombreuses à une certaine époque, prenaient origine dans les monastères; je doute qu'il en ait été ainsi chez les religieuses. Si cette opinion a un certain fondement, on voit que ce type de gauloiseries ne donne pas une image très favorable des relations entre les sexes. Il appert qu'aujourd'hui les histoires de curé et de cul ont perdu leur vogue; un malin dirait qu'étant liées elles ont décliné ensemble. De quoi rit-on aujourd'hui chez nous? Si on le savait, on connaîtrait une des facettes les plus importantes de notre culture nationale; en effet, rien ne distingue mieux un peuple que son humour. Et il m'apparaît que, là comme ailleurs, le Québec subit à l'heure actuelle de profondes transformations.

Le 23 mai

Puisque ce qui fait rire les Québécois a changé pendant les dernières décennies — il est difficile de convenir d'un point tournant — il faudrait alors admettre qu'il y a eu un changement important dans notre culture; ce qui ne serait pas autrement surprenant, étant donné que bien des choses se sont modifiées dans notre façon de vivre. Est-ce de la France ou des États-Unis que viennent les influences les plus fortes? Je remarque que les Québécois et les Québécoises manifestent une familiarité de plus en plus grande avec les États-Unis; si jamais la libéralisation des échanges entre les deux pays se réalise, il y a lieu de croire que ce phénomène ira en s'accentuant. Toutes ces influences, chansons, cinéma, télévision, bandes dessinées, pour n'en nommer que quelques-unes, modifient-elles la forme d'humour des Québécois et des Québécoises? Voici un exemple de ce qui m'apparaît apporter une réponse positive. Un jeune Québécois qui, autant ici qu'aux États-Unis, connaît le succès comme imitateur de certaines vedettes de la scène des deux pays, ne me fait pas rire autant qu'il le devrait parce que je ne connais pas ceux qu'il imite; il n'en est pas de même pour son public québécois qui l'applaudit à tout rompre. Pour qui n'ignore pas, par exemple, la vogue de la chanson américaine en France, la question se pose de savoir si l'impérialisme culturel est le stade ultime du capitalisme. C'est la thèse que j'ai souvent défendue, notamment avec Susan Crean dans *Deux pays pour vivre* et dans *Two Nations*. Il nous est toujours apparu que le Canada, sous cet aspect, avait atteint le point de non-retour et cela en bonne partie à cause de la langue anglaise que ce pays partage avec les États-Unis, malgré certaines variantes régionales. On peut donc affirmer que notre américanisation culturelle passe, en grande partie, par le Canada. Tout comme celle qui s'exerce en économie et en politique. La question qui se pose, et que j'ai posée ailleurs, c'est de savoir si le Québec peut se moderniser sans s'américaniser. On parle souvent ici de notre nouvelle génération d'hommes d'affaires, pour les louanger d'aller concurrencer les Américains jusque chez eux. Alors que ces derniers se mettent à l'heure japonaise, les Québécois ne se mettent-ils pas

eux-mêmes à l'heure américaine pour des raisons sembla-
bles? Mais si les Américains ne risquent rien pour leur
culture en empruntant aux Japonais, en va-t-il ainsi des
Québécois?

Le 28 mai

Bien des Américains croient que la plus grande étude
jamais consacrée à leur pays est celle du comte Alexis de
Tocqueville, rédigée il y a plus d'un siècle et demi: *De la
démocratie en Amérique*. Or, récemment, des chercheurs
américains s'interrogeaient sur l'évolution de leurs mœurs,
de leur culture — cette culture que Tocqueville appelait
«les habitudes du cœur» —, d'où le titre de leur ouvrage,
Habits of the Heart. Bien que leur enquête porte sur un
échantillonnage restreint de la petite et moyenne bourgeoisie blanche et qu'elle ne dise rien des classes inférieures,
qui pourraient bien avoir le dernier mot dans l'évolution
de l'Empire, elle est passionnante et peut être utilement
comparée à celle de Baudrillard, *Amérique*, dont il a été
fait mention plus haut. D'une certaine façon, les deux études sont aux antipodes l'une de l'autre; le Français, lui,
insiste par exemple sur des phénomènes comme le milieu
physique, alors que les Américains le prennent pour acquis
et n'en tiennent aucun compte. Ces deux livres fournissent
une source importante de réflexions sur les États-Unis et
sur le Québec, dont on peut mieux comprendre la culture
— les habitudes du cœur — en la comparant à celle de nos
voisins américains et en notant les similitudes et les différences.

Celles-ci reposent principalement sur deux facteurs: la
religion et la bourgeoisie. Il ne faut pas oublier ce fait
déterminant pour toute notre histoire: la défaite de la
France en 1760 et la cession à l'Angleterre de la Nouvelle-
France. Tocqueville lui-même ne l'avait-il pas observé? En

août 1831, dans la ville de Québec, il entend plaider une cause devant un tribunal civil. Le mélange des langues française et anglaise lui fait dire à peu près ceci: je n'ai jamais été aussi convaincu que le plus grand malheur pour un peuple est celui d'être conquis. Peut-être avons-nous appris à vivre avec ce fait et l'avons-nous minimisé, voire oublié. Mais il explique, néanmoins, certaines des différences qu'on relève entre nous et les Américains. Craignant que leurs colonies américaines se déclarent indépendantes, ce qui survint une quinzaine d'années plus tard, les Anglais ont tout fait pour éviter les conflits avec les francophones de la colonie, dans l'espoir que ces colons se défendraient mieux contre les Américains que les anglophones eux-mêmes. Ils eurent raison.

Mais la question se pose toujours de savoir pourquoi les Québécois ne furent pas plus nombreux à prendre fait et cause pour les Américains. Robert Cliche et Madeleine Ferron ont rapporté qu'en Beauce certains éléments de la population ont fraternisé avec les armées de Benedict Arnold et de Montgomery en route pour conquérir Québec, allant jusqu'à leur fournir des vêtements chauds pour affronter la mauvaise saison. Mais ce mouvement n'a pas été suivi par l'ensemble de la population. Un jour, au début des années 60, je donnais une conférence sur le mouvement indépendantiste du Québec dans une université de l'est des États-Unis; à la période des questions, un historien souligna que c'était notre faute si nous devions entreprendre ce combat aujourd'hui, puisque nos ancêtres refusèrent de suivre les émissaires envoyés par Washington dans le but de gagner les francophones à leur cause. Ces derniers caressaient-ils déjà l'idée de devenir indépendants, même avec l'aide de l'Angleterre, idée que certains devaient défendre au XIXe siècle? Je suppose que le fait de passer de la France à l'Angleterre, avec tous les bouleversements que cela avait entraînés, n'incitait guère certains d'entre eux à se joindre aux treize colonies anglaises et à affronter une autre guerre contre les Anglais. Tous ces

24

événements de la fin du XVIIIe siècle, avec le recul, parais-
sent donner raison à ceux de nos ancêtres qui voulurent
garder intact le Québec pour qu'il pût, un jour, accéder à
l'indépendance. Mais elle tarde à venir cette indépendance
et à certains moments, comme aujourd'hui, elle semble
prise dans les glaces de notre hiver. C'est un combat dont
on n'a pas encore vu la fin. Les plus âgés d'entre nous ne
la verront peut-être jamais. Il faudra, d'abord, chasser les
vendeurs du temple, ceux qui dilapident les biens collectifs
et qui remettent en cause les moyens, également collectifs,
que les Québécois se sont donnés récemment pour réaliser
leur autonomie.

Quoi qu'il en soit, la décapitation de la bourgeoisie de
la Nouvelle-France, lors de la cession du territoire à l'Angleterre, eut des effets sur la formation sociale du Bas-
Canada, qui allait plus tard devenir le Québec. Il fallut
donc qu'émergeât une autre bourgeoisie, locale celle-là et
à prédominance rurale; mais entre-temps et pendant plusieurs décennies les Anglais de la colonie, principalement
les marchands, occupèrent tous les postes d'importance.
C'est ainsi que les villes de Québec et de Montréal furent à
majorité anglaise jusqu'au milieu du XIXe siècle. Aux
États-Unis, par contre, la «classe moyenne», comme on
l'appelle là-bas, se développa de façon continue depuis le
XVIIe siècle et joua un rôle éminent, tant en politique que
dans le commerce et l'industrie. La tradition républicaine,
pour ne rien dire de la tradition protestante, est forcément
ancrée dans cette *middle class*. Alors qu'ici prévaut le
MPPP (mode de production des petits producteurs), dans
lequel les habitants autarciques exploitent les terres qui
leur appartiennent, les Américains mettent très tôt en
place le MPC (mode de production capitaliste), qui s'épanouit pleinement entre 1880 et 1920. C'est Durham, je
crois, qui, au milieu du XIXe siècle dit, de cette petite bourgeoisie locale, que rien ne la distinguait des «habitants» au
milieu desquels elle était née. On a déjà mentionné qu'au
lendemain de la défaite il fallut tout recommencer, alors

qu'aux États-Unis se manifestait une continuité qui allait former les assises d'une nouvelle culture. Marx ne dit-il pas lui-même que le MPPP s'avère perdant face au MPC, puisqu'il n'est pas assez concurrentiel ni, par conséquent, assez déterritorialisé. Si en 1986 il s'agit moins pour nous de rejoindre les États-Unis que de faire autre chose, comme en conviennent les auteurs de *Habits of the Heart*, il faudra revenir sur cette question. Ce serait une autre façon de commenter le «privilège du retard historique» dont parlait Trotski.

Si l'influence de la religion, ou des religions, a été considérable aux États-Unis et l'est encore aujourd'hui, comme le rappellent les auteurs du livre cité, celle de la religion catholique au Québec le fut sans doute bien davantage, mais dans un sens très différent. Ici encore, on doit faire intervenir les deux facteurs déjà mentionnés: la débâcle de 1760 et la décapitation de la bourgeoisie. Irénée Marrou, historien de l'Église, et que je cite dans *la Question du Québec*, affirme qu'au lendemain de la défaite un nouveau moyen âge s'installe ici: l'Église québécoise reste seule avec un petit peuple de quelques dizaines de milliers d'habitants. Ce qui joue dans le même sens que la décapitation de la bourgeoisie: uniformisation de la population, diminution de la hiérarchisation. Cette homogénéité devait favoriser l'apparition d'un *nous* qui actualisera celui qui déjà apparaissait à la fin du Régime français, soit l'opposition des «habitants» aux métropolitains de France; en somme, le même processus qui devait conduire les États-Unis à leur Indépendance (1775-1782).

Le 3 juin

On imagine bien, d'ores et déjà, que la situation particulière du clergé au Québec lui donne une influence beaucoup plus considérable que celle qu'exercent les religions américaines, car celles-ci s'insèrent dans une formation sociale plus diversifiée. Pendant longtemps, le clergé sera ici la seule fraction de classe à se séparer du gros de la population. Il y a quelques années, on m'avait nommé juge, avec deux ou trois autres personnes, du concours «Mémoires d'une époque», de l'IQRC (Institut québécois de recherche sur la culture). Ces souvenirs, recueillis par des jeunes auprès de leurs aînés, dataient de la fin du XIXe siècle et du début du XXe; ils démontraient la grande autarcie des familles, le rôle important de la parenté, et même de la parentèle (famille proche et éloignée), et la très grande influence de l'Église catholique sur la vie québécoise. Tous ces facteurs, déjà en place depuis 1760, se retrouvent donc encore près d'un siècle et demi plus tard. Il aura fallu le déclenchement de la Révolution tranquille pour accélérer la régression de ces phénomènes et pour réduire leur impact sur la société québécoise. Pour comprendre les racines de la formation sociale que représente le Québec, ces deux siècles — 1760-1960 — sont d'une extrême importance, car ils expliquent le développement de la spécificité de notre société.

Si le rôle de la religion et du clergé est ici capital il n'est pas de même nature qu'aux États-Unis. En effet, parce que le Québec a été coupé d'avec sa métropole naturelle, la France, et à cause des difficultés de recrutement et de formation du clergé catholique, la religion elle-même «se folklorise», c'est-à-dire qu'elle se rapproche sans cesse du peuple, d'autant plus que le clergé se recrute principalement à même la classe des petits producteurs agricoles et non pas, comme dans d'autres formations sociales, à l'intérieur d'autres classes. Ici comme ailleurs, les efforts de modernisation entrepris à la fin des années 50, et surtout au début des années 60, bouleversèrent les structures et la culture du Québec. La grande question que nous devons nous poser, dans le cadre du changement profond survenu dans les conditions des sociétés industrielles avancées, est de savoir si ces «habitudes du cœur», qui furent traditionnellement celles du Québec, ne pourraient pas nous aider à combattre ces maux — individualisme et égoïsme — dont Tocqueville prévoyait qu'ils deviendraient ceux des États-Unis et qui sont en voie de devenir les nôtres. Comment, d'autre part, discuter de ce problème avec les auteurs américains de *Habits of the Heart* qui se posent la même question?

Le 4 juin

Mon idée serait, d'une part, d'aller voir ce qu'en dit Tocqueville; je prônerais, ensuite, l'idée et la pratique de l'autogestion, à partir de certains textes de Jefferson. Ce qui ferait d'une pierre deux ou trois coups: enraciner l'idée d'autogestion dans la veine républicaine de la démocratie américaine et, du même souffle, la réhabiliter au Québec, car depuis Tricofil, dont *Possibles* s'est occupée dès sa fondation, elle bat de l'aile, même chez ceux qui auraient pu la pratiquer et la défendre.

Dans un tout autre ordre d'idées, je me demande qui a d'abord eu l'idée de négocier des accords de libre-échange entre le Canada et les États-Unis. Il m'a toujours semblé que la notion de déterritorialisation, qu'il s'agisse d'hommes, de marchandises ou de culture, est essentiellement une machine de guerre capitaliste et impérialiste et qu'elle est utilisée pour le plus grand bien des dominants. Dans un certain sens, n'est-ce pas elle qui a poussé aux monocultures les pays du tiers et du quart mondes dans le but d'en exporter les produits dans les métropoles, au détriment des cultures vivrières, celles qui nourrissent les populations locales et aident à fixer les sols, qui autrement sont plus vulnérables à l'érosion. Il arrive que, de nos jours, et c'est assez paradoxal, la politique traditionnelle des partis libéral et conservateur s'est inversée; c'est maintenant le parti conservateur du Canada qui accomplit la politique de Laurier, battu sur cette question en 1911. John A. Macdonald doit boire quelques bouteilles supplémentaires dans sa tombe! Il arrive aussi aujourd'hui que l'Empire fait savoir à la périphérie que l'Empire c'est l'Empire, et qu'il ne faut pas trop réveiller le matou qui dort; quand la balance commerciale s'avère largement favorable à la souris, il vaut bien mieux qu'elle la grignote que d'en rendre le chat conscient. Quand l'Empire «accuse» le Canada de vouloir conserver sa culture — il y a d'ailleurs peu à conserver — pour cacher ses visées protectionnistes dans certaines de ses industries, il se conduit exactement comme le Canada envers le Québec; s'il ne peut y avoir qu'une culture au Canada — *dixit* M. Trudeau — et tout au plus deux langues pour l'exprimer, ce raisonnement vaut également pour les États-Unis à l'égard du Canada, à la différence près qu'il ne peut y avoir qu'une seule langue: l'anglo-américain, le français du Québec n'étant qu'un patois comme celui de la Louisiane. L'Empire américain a tout avantage à croquer sa colonie canadienne d'un seul coup de dents, sans se soucier du beau coup de mâchoire de M. Mulroney; certaines fables de La Fontaine s'appliquent ici.

Mais à quelque chose malheur est bon: M. Turner, le libéral de passage à Ottawa, se refait une virginité nationale avec de beaux trémolos dans la voix. Les discussions sur le libre-échange nous auront au moins valu ça! Si le Canada n'avait pas déjà dépassé le point de non-retour, les naïfs pourraient espérer que ces sursauts nationaux lui permettraient de reprendre le chemin de l'autonomie et de l'indépendance. Mais non! Tant va la cruche à l'eau qu'à la fin elle se casse! Celle du Canada est irrémédiablement fêlée. Celle du Québec, avec Bourassa, attrape de bien vilains coups. Et ce n'est pas la panacée universelle de Servan-Schreiber, l'informatique, qui sauvera qui que ce soit! Et ce n'est pas, surtout pas, Mulroney, l'ancien président de Iron Ore, filiale d'une grande corporation multinationale, qui sauvera qui que ce soit, ni quoi que ce soit!

Cette guerre des tuques, à l'occasion du libre-échange, sera-t-elle suffisante pour réarmer le mécanisme de préservation du patrimoine québécois qui, pendant des lustres et des lustres, a sonné l'alerte au moindre danger? Mais à quoi bon lutter au plan politique, car même si nous devions réélire un gouvernement à l'étiquette indépendantiste, quelles garanties avons-nous que cela ne se terminera pas aussi lamentablement qu'en décembre 1985? N'existe-t-il pas toujours une «Union nationale» qui veille quelque part pour incarner une politique ni chair ni poisson? La vérité est qu'aujourd'hui le Québec ne fait plus peur à personne à l'extérieur, et ne suscite plus à l'intérieur beaucoup d'enthousiasme. Quelle parade opposer à Reagan? Même aux États-Unis, on ne semble pas trop le savoir! Encore moins ici, pour le moment du moins. Est-ce à dire que les sociétés industrielles, se sachant mortellement blessées, se défendent bec et ongles avec ce qu'elles ont sous la main? Ici, bien peu de Québécois et de Québécoises ont le goût et le désir de se remettre à pied d'œuvre pour lutter contre l'État-Provigo. Après nous, le déluge!

Le 5 juin

Aliénation, voilà un mot qui a pris de si nombreux sens que certains hésitent maintenant à l'employer. Il faut donc le définir le plus exactement possible. D'abord, il faut distinguer entre le *sentiment d'aliénation* et l'*aliénation*. Se sentir aliéné, c'est éprouver de l'éloignement, de la non-compréhension pour quelque chose ou pour quelqu'un. L'aliénation c'est la séparation, comme on dit, par exemple, d'un habitant qu'il a aliéné sa terre, son bien; il s'en est donc séparé: ce n'est pas un sentiment, c'est un fait dont témoigne un acte notarié. D'ailleurs, chez Marx, il y a deux mots allemands pour désigner *aliénation*: *entfremdung* et *entäusserung*; je me suis expliqué là-dessus dans mon *Essai de sociologie critique*. Alors pourquoi faire ici ces remarques?

Disons tout de suite que, selon les sociétés, les idéologies ou les époques, ce qui est uni dans la réalité se donne à voir et à penser comme séparé, et que le contraire arrive aussi, ce qui est séparé se donne comme uni. Dans nos sociétés, la séparation prévaut; j'ai même soutenu que c'est cette contradiction culturelle qui surdétermine, dans nos sociétés, les contradictions économiques et politiques, sans que ces dernières aient été dépassées. J'ai appris, non pas dans les livres mais dans la vie, que l'une des premières formes d'aliénation, de séparation, est celle du corps et de l'âme. C'est le christianisme qui a introduit cette séparation en Occident; peut-être en est-il ainsi dans d'autres religions, je n'en sais rien. Mes observations sociologiques et personnelles me donnent à penser que les anglophones pratiquent cette séparation plus que les francophones, les apolliniens plus que les dionysiaques, les protestants plus que les catholiques. D'ailleurs, c'est le mode de production capitaliste qui a poussé le plus loin cette séparation; on n'a qu'à se reporter à Weber et à Tawney pour convenir de la compatibilité entre les termes que j'emploie plus haut: protestants, anglophones, apolliniens.

À l'occasion d'un cours que je donnai dans une université de province, je racontai à mes étudiants l'histoire de cette jeune Québécoise francophone qui décida, un matin, de rompre avec les siens pour choisir de vivre à l'anglaise et ce dans tous les détails de sa vie. Elle s'y tint durant cinq ans. J'ajoutai qu'elle fit même l'amour à l'anglaise. Une étudiante me demanda alors si faire l'amour à l'anglaise n'équivalait pas à ne le pas faire du tout. Je lui répondis que c'était un peu plus compliqué: pendant que l'anglophone fait l'amour, elle prétend faire tout autre chose, qu'elle tricote, par exemple; le lendemain, elle agit comme si rien ne s'était passé. Si elle se voit forcée d'en parler, elle dira qu'elle s'est conduite comme une bête; la Québécoise, elle, commentera: «C'était pas pire notre affaire, hier soir!»

Tout cela pour dire que, dans nos sociétés, le premier type d'aliénation concerne le corps et l'âme, leur dissociation; c'est la porte ouverte à tous les autres types d'aliénation, qui culminent dans ce que Baudrillard nomme la «déterritorialisation du corps». Il écrit: «Le nombre de gens ici [États-Unis] qui pensent seuls, qui mangent et parlent seuls dans les rues est effarant. Pourtant ils ne s'additionnent pas. Au contraire, ils se soustraient les uns aux autres, et leur ressemblance est incertaine.» J'ajoute que ces soliloques, on ne les observe pas qu'aux États-Unis; je les ai remarqués aussi à Paris, sur une assez longue période, principalement dans trois quartiers: IVe, XIVe et XVIe. C'est dans le cossu XVIe que j'ai rencontré le plus de soliloqueurs. Assez curieusement, ceux et celles dont j'ai pu entendre le discours parlaient abondamment d'argent; il s'agissait surtout, me sembla-t-il, d'anciens francs. Ici, on a affaire à ce qui constitue peut-être le comble de l'aliénation. Non seulement est-on séparé des êtres et des choses environnants mais, plus grave encore, d'importantes parties de soi-même, sensorialité et sensibilité; il ne reste plus dans sa tête qu'une petite machine qui fonctionne toute seule. On m'a rapporté qu'il existe aux États-Unis des endroits où l'on s'emploie à la rééducation sensorielle de soliloqueurs atrophiés; on leur réapprend à se servir de leurs sens.

Le 8 juin

Je ne sais pas si ce qu'on appelle l'écart entre les générations se manifeste dans tous les domaines et dans tous les pays. On peut dire, à coup sûr, qu'il est très large dans le domaine du savoir; il en fut peut-être toujours ainsi. De même pour ce qu'on nomme en littérature le «purgatoire», soit cette période, plus ou moins longue, durant laquelle des auteurs disparaissent de la scène pour réapparaître plus tard, avec leurs œuvres réinterprétées au goût du jour. Ce phénomène ne se manifeste pas seulement en littérature mais dans les arts en général. Il n'y a pas lieu, je suppose, de s'en alarmer ni de crier au philistinisme, car c'est peut-être la manifestation de ce qu'on appelle la mémoire sélective des générations. Ainsi les gens d'âge mûr, avant de parler, par exemple, d'Apollinaire et de Marie Laurencin doivent d'abord s'assurer que ces noms évoquent quelque chose chez les plus jeunes; ils découvrent souvent très vite l'inanité d'une certaine culture. Par quoi est-elle remplacée? Par les rois du disco ou d'autres rythmes violents? C'est ce que je constatai hier, en compagnie d'un jeune Américain et d'une jeune Canadienne et je ne crois pas que c'eût été bien différent avec un Québécois ou une Québécoise. Il reste toutefois la nature avec laquelle on peut s'entretenir, car elle est là depuis toujours et, à l'image de certaines sociétés paysannes, elle a la mémoire longue.

Le 17 juin

En relisant certains passages du livre de Baudrillard, *Amérique*, je demeure encore plus frappé qu'au moment de la première lecture par l'importance qu'il attache à l'habitat physique des Amériques et surtout aux déserts des États-Unis; c'est pour lui, peut-on dire, le personnage principal qui explique surtout la destinée du peuple américain; cela est moins évident en ce qui concerne les autres Américains du Nord et du Sud. Il est patent, toutefois, que ces immenses espaces et cette géographie particulière aux Amériques représentent, pour un Européen, une rupture d'avec cette Europe si bien domestiquée et dont chaque motte de terre fut retournée et triturée par des générations et des générations. Quant à moi, il y a fort longtemps que, dans mes cours sur le Québec, j'insiste sur cet habitat du Nouveau Monde, si différent de celui de la France. Les différences existant entre les «Canadiens» et les métropolitains à la fin du Régime français ne prennent-elles pas surtout racine dans l'habitat québécois? C'est un peu ce que veut dire un jésuite quand il affirme que les Québécois semblent respirer la liberté à même l'air qu'ils respirent. À lire certains auteurs, comme Nerval et Jules Renard, on constate rapidement que les paysans français ont peu en commun avec nos habitants. En France, il fallut attendre le début du XXe siècle, pour ainsi dire, avant que les paysans quittent leurs villages pour se déplacer et émigrer vers d'autres régions de leur pays; auparavant, seuls les compagnons des guildes faisaient leur tour de France. Ici, les paysans sillonnèrent toute l'Amérique du Nord et au milieu du XIXe siècle, par exemple, on les retrouve même à l'extrémité ouest du continent, dans l'Oregon; encore aujourd'hui certains noms de rues et de villages dans cet État perpétuent la mémoire de ces pionniers. Pourtant, tout fut mis en œuvre pour les retenir dans leurs paroisses et pour les inciter à cultiver la terre.

On peut avancer qu'il se fit, assez tôt, un tri dans la population. Les plus aventureux partirent et furent, par exemple, à l'origine d'une race nouvelle, les Métis. On peut aussi comprendre pourquoi ceux qui restèrent sur leurs terres furent toujours d'une relative docilité envers les prêtres et les représentants de l'autorité civile; les plus turbulents, eux, faisaient le commerce des fourrures et de l'eau-de-vie, ils épousaient des Amérindiennes et s'établissaient ailleurs sur le continent, comme le leur permettaient les grands espaces. Ceux qui, comme le père Chapdelaine, n'aimaient pas la «terre faite», s'en allèrent ouvrir des terres neuves dans les pays d'en haut ou ailleurs et contribuèrent ainsi à des brassements de population qu'ont moins connus les vieux pays, quadrillés et habités depuis longtemps.

Le 26 juin

Je lis ceci dans le *Journal* du peintre Eugène Delacroix, à la date du 10 mai 1854: «J'ai trouvé la place de la Concorde toute bouleversée de nouveau. On parle d'enlever l'Obélisque. Perrier [conseiller municipal] prétendait ce matin qu'il masquait! On parle de vendre les Champs-Élysées à des spéculateurs! C'est le palais de l'Industrie [construit pour l'exposition universelle de 1855] qui a mis en goût. Quand nous ressemblerons un peu plus aux Américains, on vendra également le jardin des Tuileries, comme un terrain vague et qui ne sert à rien.» La France de Chirac, les États-Unis de Reagan, le Canada de Mulroney, et le Québec de Bourassa sont en train d'accomplir la prévision de Delacroix en y ajoutant leurs propres horreurs. Que la République était belle sous l'Empire!

Le 9 juillet (ajout au 5 juin)

Pour illustrer ce que je dis au sujet de l'aliénation, j'ai coutume, pour établir la différence entre les anglophones et les francophones, de mettre en relief la façon des uns et des autres de nommer l'organe sexuel principal de la femme. Le phénomène de la menstruation donne lieu aussi à des métaphores bien différentes: chez les anglophones, on emploie volontiers l'expression *to have the curse*, c'est-à-dire être sujette au mauvais sort. Or, dans mon village natal de la Matapédia, les jeunes disaient plutôt des filles qu'elles *étaient dans leurs fleurs* ou qu'elles *avaient leurs fleurs*; ce qui m'a toujours paru une jolie façon de dire les choses. Je n'ai pas fait d'enquête systématique à ce sujet, mais il semble que l'usage varie de région en région. Quelle ne fut pas ma surprise, hier, de lire dans Montaigne (*Essais*, livre I, chapitre XXX): «Certaines nations [...] abominent la conjonction avec les femmes enceintes; plusieurs aussi avec celles qui ont leurs fleurs [...].» Pour décrire le même phénomène, j'ai aussi entendu, dans la ville de Québec, l'expression suivante: *le cardinal est en ville*. Toujours chez Montaigne, j'ai trouvé cette autre expression, *tomber de l'eau*, pour uriner et qui est encore en usage dans quelques villages du Québec.

Le 11 juillet

Je n'ai jamais été un inconditionnel du chanoine Groulx, loin de là! Je me demande, cependant, s'il n'avait pas raison de se méfier des hommes d'affaires. Il est difficile d'évaluer précisément leur rôle à l'époque du Référendum mais aujourd'hui ils sont, à l'évidence, très majoritairement derrière l'État-Provigo de Bourassa; le *business* ne connaît pas d'autre intérêt que celui de son profit.

Le 12 juillet (ajout au 9 juillet)

Voici un argument, pour ainsi dire indirect, qui montre la différence entre anglophones et francophones sur les questions de sexualité. On sait qu'un certain nombre d'Iroquois, convertis par les jésuites, se sont établis au Québec (Kanewake, Oka, Saint-Régis) après la guerre d'Indépendance américaine; d'autres, demeurés loyaux à l'Angleterre, furent par ses soins amenés en Ontario, sous la direction de Joseph Brant, et d'autres, finalement, Red Jacket en tête, prirent parti pour les Américains, et restèrent aux États-Unis. On peut donc comparer les Iroquois dits catholiques du Québec à ceux qui vivent en Ontario. Des linguistes, au premier rang desquels se trouve Jean-Paul Vinay, jadis professeur à l'Université de Montréal, m'apprirent que chez les Iroquois de l'Ontario le terme désignant l'organe sexuel de la femme se traduit en anglais par quelque chose comme *pudding*, ce qui est assez dépréciatif; ceux du Québec, par ailleurs, utilisent un mot qui peut se traduire, en français, par quelque chose comme *fleur*, vocable employé justement par Montaigne et, encore aujourd'hui, par certains Québécois et Québécoises habitant des régions excentriques.

Le 23 juillet

Je me suis rendu compte en relisant *Questions de méthode* de Jean-Paul Sartre que sa notion de *possible*, bien que moins riche que celle de Ernst Bloch, fait bien partie de son anthropologie. Ce m'est une raison supplémentaire pour la conserver.

(Plusieurs pages du manuscrit se perdent dans une petite tornade, le 25 juillet.)

Le 28 juillet

Ne pouvant pas retrouver les pages perdues, je vais essayer de les reconstituer. Pour l'essentiel, elles traitaient du Québec des dernières années, celui du dernier quart de siècle. Et plus particulièrement de cette question: comment et pourquoi le Parti québécois a-t-il perdu le Référendum et quelles furent les conséquences de cet échec? Je vais d'abord commencer par certaines réflexions que m'inspire la lecture du livre de Pierre Chaunu, *Histoire et Décadence* (Éditions Perrin, 1981). Il y traite de la fin de l'Empire romain et de bien d'autres formations historiques. Si on applique au Québec certaines de ses considérations, on doit, toutes proportions gardées, se montrer malheureusement pessimiste quant à la survie de notre pays. Il ne s'agit pas de la vision tragique des classes en régression dont traite Lucien Goldmann dans son livre *le Dieu caché*, mais d'un pessimisme à l'égard de la civilisation occidentale qui s'apparente davantage à celui de Nietzsche et de Spengler. Et si cette civilisation est en dégringolade, le Québec ne peut espérer échapper à son destin. Bien sûr, l'édifice occidental ne s'écroulera pas tout d'un coup mais suivra plus rapidement peut-être le rythme de l'écroulement de l'Empire romain. La fragilité même du Québec nous incite à penser qu'il pourrait bien être l'un des premiers à disparaître au sein de l'Empire américain, dont le centre serait, lui, l'un des derniers à tomber. Les facteurs sur lesquels Chaunu insiste le plus sont, entre autres, la régression de la natalité et celle de la langue et de la mémoire.

Le Québec est passé, dans une période d'un peu plus d'un siècle, d'une position extrême de surnatalité à une autre, tout aussi extrême, de dénatalité. Depuis la défaite de 1760 jusqu'en 1850, soit pendant environ un siècle, notre peuple a connu un taux de natalité inégalé pour une population blanche. C'est pendant ce siècle que se formèrent également la culture et la langue québécoises. Cet état de choses persista *grosso modo* jusqu'au lendemain de la Deuxième Grande Guerre. Aujourd'hui, après quarante ans de bouleversements de toutes sortes, où en sommes-nous? Du point de vue démographique, les générations se remplacent à peine; il y a même une tendance à une décroissance absolue. Le Québec suit en cela la majorité des pays industrialisés de l'Ouest. C'est un effet de civilisation, ce que d'aucuns ont appelé la *me generation*. Il faut dire, cependant, que toutes les menaces qui pèsent sur nous et qui trop souvent se réalisent (guerre atomique, accidents nucléaires, pollutions de toute nature) et, par ailleurs, les nouvelles valeurs sociétales — tel l'«enrichissez-vous» des libéraux français et québécois, sans compter les libérations, tant retardées, des femmes —, n'incitent guère à la procréation. Et, sur ce dernier point, il ne convient certes pas à des vieux garçons et à des vieilles filles de donner des leçons. Serait-ce mieux si les hommes pouvaient devenir eux-mêmes «enceints»? Plutôt que d'agir cas par cas et dossier par dossier, les efforts devraient porter, à mon avis, sur l'ensemble du problème. Par qui et comment? Chaunu parle de *paedémorphose*, sorte de renaissance après un déclin; il ne semble pas, cependant, y avoir beaucoup d'exemples historiques durables de ce phénomène. La Chine peut-être? Certainement pas dans les Amériques!

Plusieurs analystes de la société québécoise ont souvent affirmé que langue et mémoire, donc essentiellement la culture, sont les données les plus fondamentales, non seulement pour l'épanouissement du Québec, mais simplement pour sa survie. En ce domaine, la menace nous vient directement de l'Empire américain; un de ses relais est sûrement le Canada, qui a atteint lui-même le point de non-retour de l'américanisation, principalement en Ontario et dans l'Ouest. Exception faite d'une frange de l'intelligentsia, les États-Unis servent de modèle dans presque tous les domaines. Nous sommes trop éloignés de la France et des autres pays francophones pour qu'ils nous influencent; d'ailleurs, ces pays s'inspirent eux-mêmes de plus en plus des Américains, au fur et à mesure que s'accentue chez eux — et chez nous — le rejet de l'URSS. Le Japon fascine parce qu'il apparaît comme un mélange d'américanisme et d'exotisme.

La langue québécoise qui, durant longtemps, a vécu en vase clos, tout comme le pays, a connu des sursauts, ces trente ou quarante dernières années, dans certaines de ses couches sociales. D'autre part, la langue américaine gruge la nôtre, du moins dans certaines couches de population où elle est plus fragile; toutes sortes d'agents d'infiltration l'assiègent, les industries de la culture et celles du sport en tête. Les médias de culture et d'information francophones, qui pendant longtemps surent recruter au Québec un public de lecteurs et d'auditeurs captifs, perdent maintenant du terrain. Le fossé se creuse entre l'intelligentsia et le gros de la population. À des degrés divers, les uns et les autres s'américanisent, bien qu'ils restent éloignés sur bien des points. Comme au temps de l'Empire romain, les Barbares rêvent d'imiter la Romanie, aujourd'hui l'Empire américain, et même de s'y intégrer. Aujourd'hui, la conquête culturelle remplace celle des armes et rend ainsi le Québec de plus en plus vulnérable, situé comme il est aux *limes* de l'Empire américain.

L'amnésie culturelle des Québécois gagne chaque jour du terrain, et ce phénomène n'est pas particulier au Québec. En effet, la tradition écrite et, depuis peu, électronique, gêne l'accumulation de l'information dans la mémoire, contrairement à la tradition orale, au sens large. Les savoirs, les techniques et les arts vernaculaires se perdent irrémédiablement. Reste-t-il encore aujourd'hui beaucoup de Québécois et Québécoises à la mémoire longue? Nous vivons aux franges de l'aujourd'hui et du lendemain. Hier, avant-hier et après-demain sont des terres dont nous ne nous soucions guère. C'est suicidaire pour tout le monde et, plus que pour d'autres, pour des petites ethnies comme la nôtre. On en viendra à remplacer *Je me souviens*, par *J'oublie vite*. Même le Référendum, l'événement sans doute le plus marquant de l'histoire québécoise, le résumé de toutes les occasions manquées, commence déjà à s'estomper dans la mémoire, non seulement des plus jeunes mais d'un peu tout le monde. C'est comme si certains n'attendaient que ce résultat pour accepter des prix et des honneurs qu'ils eussent et ont refusés avant cet aplatissement national. Et qui se poursuit de plus belle! À force de s'aplatir, le Québec deviendra comme les mollusques dont parle James de Coquet, insipides, inodores et insignifiants. Un pays semblable à celui de l'*Amérique* de Baudrillard, où régneront l'amnésie et l'inculture!

Qui n'a pas cru que la chanson québécoise, véhicule moderne, avec la poésie, de nos revendications et de nos aspirations, remporterait le morceau, nous ferait déboucher sur l'indépendance? Or, d'après un documentaire de la télévision, elle a connu, ces dernières années, des hauts et des bas pour aboutir aujourd'hui, presque tout entière, dans la singerie des Américains. Déjà après 1970, année de la Loi des mesures de guerre, le déclin s'amorçait; il faut avouer que là comme au Référendum Trudeau et les *Canadians* mirent le paquet. La poésie, elle, devint de plus en plus formaliste.

Quoi qu'il advienne, je doute fort qu'une génération à venir vive ce que nous avons vécu au début des années 60. Tout semblait possible. Si aujourd'hui, dans l'État-Provigo — on a la Restauration que l'on mérite —, les possibles se sont amenuisés, je suppose que ce n'est tout de même pas une raison pour abandonner la recherche de ce qui pourrait poindre à l'horizon. Dans Paris occupé, Sartre continuait de s'interroger sur ce qui était possible; que je sache, il ne préconisa pas l'assaut de la *Kommandantur*! Ici, l'assaut contre le bunker de Québec est exclu. Le problème le plus ardu est de savoir déceler et comprendre ce qui se passera dans l'Empire, étant donné que nous serons à l'avenir de plus en plus dépendants et interdépendants. Notre marge de manœuvre s'est rétrécie.

Nous faut-il chercher des alliés, peut-être même au Canada? Est-ce ainsi qu'on doit accueillir la remontée du NPD dans les derniers sondages? Avec quelle autre formation politique du Canada pourrions-nous songer à réaliser la souveraineté-association? On m'alléguera que voilà une autre version du «beau risque» que Lévesque rêva de prendre — et prit — avec Mulroney. Peut-être! Qui constatera, en revanche, que la social-démocratie est mieux servie par le NPD? Qui ne verra sa méfiance envers l'Empire américain? Les plus âgés d'entre nous se souviendront qu'au début des années 60 seul le NPD accepta le concept des deux nations: certains de ses candidats, Michel Chartrand et Jean-Claude Lebel entre autres, menèrent leur campagne électorale en préconisant la social-démocratie et l'acceptation de l'idée des deux nations. En ce temps-là, les grands syndicats appuyèrent cette formation politique. Je ne suis évidemment pas assuré de la possibilité de recommencer cette expérience. Il n'empêche que ce sont présentement des députés du NPD qui défendent le mieux les intérêts du Québec à la Chambre des communes du Canada et, le plus souvent, en français. Les bleus et les rouges ne s'en soucient guère.

D'autre part, il n'est pas évident que tous les groupes québécois indépendantistes adhèrent également à la social-démocratie. Le PQ donne l'image d'un parti affadi à tous les niveaux, national, socioéconomique et même culturel; d'autres sont carrément à droite et conçoivent l'indépendance comme une fin en soi et non comme un moyen privilégié de bâtir, ici, un pays plus fraternel et plus juste. Malgré tous ces handicaps, ne faut-il pas tenter d'atteler cet équipage! Le Référendum a peut-être fait la preuve que, sans l'appui d'une formation politique canadienne, les carottes sont cuites d'avance. Dans ce nouveau contexte, les anglophones et les allophones continueraient-ils alors à bouder aussi massivement toute idée d'indépendance ou d'autonomie accrue pour le Québec? Certainement moins dans les classes laborieuses, mais tout autant, par ailleurs, à la *Gazette* et chez les possédants, qui craignent sans doute davantage la social-démocratie que l'indépendance. Il faut répéter ici que le temps ne joue pas pour nous, ni d'ailleurs pour le Canada.

Il reste un paradoxe à exposer, sinon à résoudre. Traditionnellement, les francophones québécois, y compris ceux de la diaspora canadienne, avaient l'œil sur les anglophones, pendant qu'eux-mêmes, loyalistes à tous crins, s'inquiétaient plutôt des Américains. Il s'avère aujourd'hui que l'ennemi commun, ce sont les États-Unis. Je me souviens d'un jour, il y a de cela quelques années, où avant de prendre la parole à Toronto je reçus un télégramme d'un groupe d'étudiants de Colombie-Britannique qui se lisait ainsi: *Two nations, yes; one ennemy, USA.* Reagan n'a rien fait pour atténuer l'acuité de cette perception. Chez nous toutefois, exception faite d'une fraction de l'in-

telligentsia — fraction qui s'amenuise, me semble-t-il —,
la grande majorité des Québécois entretiennent un préjugé
favorable à l'égard des Américains; ne sont-ils pas perçus,
assez exclusivement, comme le seul rempart valable contre
le communisme et l'URSS? Par contre, le caractère impérialiste des États-Unis, culturel plus encore qu'économique, n'est guère perçu chez nous. La question du libre-
échange ouvrira peut-être davantage les yeux de ceux qui
s'y opposent dans plusieurs couches de la population. La
polarisation politique croissante entre les États-Unis et
l'URSS n'encourage pas à distinguer plus clairement les
effets létaux de la domination américaine pour les pays qui
gravitent dans son orbite. Les industries de la culture et de
l'information aggravent cette situation, car elles ne font
rien, bien au contraire, pour nous ouvrir les yeux et les
oreilles sur les dangers de cette domination; il est vrai qu'il
n'est pire sourd que celui qui ne veut pas entendre.

Dans cette conjoncture, mon expérience m'oblige à
ajouter que la dénonciation de l'impérialisme américain ne
veut en rien signifier que l'on se jette, tête baissée, dans les
bras de l'ours russe. Le cauchemar climatisé (Henry Mil-
ler) vaut toujours mieux que le camp de concentration et
l'hôpital psychiatrique; à la fin de sa vie, Sartre lui-même
en convenait, je crois. Des sept plaies d'Égypte, fallait-il
en choisir une de préférence aux autres? Je suppose que
tout dépendait de sa situation géographique et sociale. Il
en va ainsi des deux empires qui sont en train de se parta-
ger le monde. On se prend à regretter que Tocqueville n'ait
pas visité la Russie, ni écrit sur ce pays autant que sur
l'Amérique. Les *Mémoires* de Custine ne sont pas un très
bon succédané.

Le 29 juillet

Il est certain qu'on ne parviendra jamais à ramener à une cause unique l'échec au Référendum du gouvernement québécois, en 1980. Tout comme on peut invoquer un faisceau de raisons pour expliquer la victoire du Parti québécois en 1976. Les mémoires de René Lévesque nous indiqueront peut-être des pistes qu'il sera intéressant de creuser*. Attendons! L'une de celles qui continuent de me fasciner est contenue dans le titre d'un article de notre ami, le regretté Serge Mallet, paru dans *l'Observateur* de Paris, dans les années 60; «Les Québécois, les plus vieux colonisés du monde», disait à peu près son titre. Peut-on facilement se défaire de tutelles aussi nombreuses et aussi marquantes que celles des métropoles de Rome, Paris, Londres, Ottawa et New York qui pesèrent sur nous, ensemble ou à la suite l'une de l'autre? Tutelles de toute nature, qui peuvent ainsi avoir acquis une sorte de globalité qui, insidieusement, s'est introduite dans tous les interstices et coutures de notre être collectif.

Si tel était le cas, la lutte pour l'indépendance politique devrait faire suite à d'autres actions. Cette idée m'est venue à la lecture du livre de Karl Löwith, *From Hegel to Nietzsche*. L'auteur rapporte que «Heine [1797-1856] essaya de faire comprendre aux Français qu'une vraie révolution concrète pourrait être la conséquence de la Réforme et de la philosophie allemande». Il cite ensuite Heine lui-même: «Il me semble qu'une nation aussi méthodique que la nôtre avait d'abord à commencer par la Réforme et seulement après à s'engager dans la philosophie et plus tard dans la révolution politique.» Je ne veux en rien comparer le Québec actuel à l'Allemagne du XIXe siècle, car tout est différent dans ces deux nations, mais

---

* Il n'en est malheureusement rien!

simplement indiquer que la révolution politique peut cons-
tituer l'aboutissement d'une série d'autres transformations. Il est bien sûr peu prévisible que les préalables soient
ici d'ordre religieux ou philosophique. Toutefois, en con-
sidérant tous les complexes que firent naître chez nous, et
en nous, nos diverses dépendances, n'y a-t-il pas lieu de se
demander s'il ne faudrait pas nous en débarrasser totale-
ment avant de nous lancer dans la révolution politique,
c'est-à-dire l'indépendance politique acquise démocrati-
quement? Ceci en tenant compte, bien évidemment, des
acquis du dernier quart de siècle. Utopie, chimère et ver-
biage diront certains; peut-être, mais qui reflète une part
de vérité. Le refus politique de 1980 et les progrès dans
d'autres domaines depuis 1960 ne sont pas des rêves mais
des faits. Et si l'on ne désespère pas de son peuple — ce
serait la fin de tout — il faut bien penser à d'autres «chemins de la liberté».

Les *limes* de l'Empire devenant plus poreuses et
moins bien défendues, cela pourrait nous inciter à davantage d'audace et à une plus ferme affirmation de soi et
diminuerait l'espèce de fétichisme dont l'Empire jouissait
et se parait en 1980. D'autre part, quand les grands mastodontes technologiques et économiques auront cessé de
nous fasciner, il est à espérer que les nations à visage
humain, dont parlent Jane Jacobs et d'autres, reprendront
droit de cité. L'appropriation par l'homme de sa propre
nature remplacera la domination sur la nature et les hommes; l'hominisation se poursuivra et la fétichisation dimi-
nuera d'autant. La différence avec la situation du Québec
à d'autres époques, c'est que nous ne serons plus là pour
sauver les autres, pour les évangéliser, mais d'abord pour
sauver notre propre peau. C'est plus modeste, mais plus
réaliste aussi! Loin d'être un peuple élu, nous sommes
voués à l'insignifiance, un peu à l'image de Bourassa qui
rapetisse tout ce qu'il touche. C'est un homme qui se veut
et se dit au milieu — le plus abstrait de tous les lieux — ce
milieu dont parlait Marx à propos de Proudhon. Qui était

un géant si on le compare à Bourassa! La comptabilité rapetisse tout, excepté sa fortune personnelle!

En plaidant pour le Québec, je plaide contre l'Empire russe et l'Empire américain et pour qu'adviennent pleinement les peuples qu'ils asservissent. Autant pour les Américains du Sud que pour les peuples ensevelis dans le glacis soviétique. Autant pour les Africains que pour les Asiatiques. Reagan et Gorbachev symbolisent pour moi des lunes éteintes au firmament des idéologies. Il est du devoir de chaque formation sociale de chercher sa voie propre; la *pax americana* et la *pax sovietica* se paient toujours par une régression d'humanité et de l'éventail des possibles. La barbarie ne se trouve pas toujours là où l'on voudrait qu'elle soit. Quitte à être fascinés, comme nous le sommes parfois, par l'hypertélie des monstres qui vont, un jour ou l'autre, crouler sous leur propre poids. Les fluctuations des modes nous montrent la fragilité des mastodontes et, paradoxalement, des étoiles filantes; les médias en vivent, puisqu'ils sont leurs créatures.

Ce serait trop peu dire que, devant ce que j'ai fait et écrit, je suis un relaps; j'en remets, pour ainsi dire, et j'ajoute de nouvelles hérésies. Étant de tempérament pacifiste, j'éprouve seulement le regret de n'avoir pas suffisamment utilisé les supplices inventés par le père Ubu; il est vrai que je ne suis pas roi comme lui.

Étant devenu un *zoon politikon* en 1936, lors de la guerre civile d'Espagne, ma vie depuis fut traversée par plusieurs courants politiques, dont l'anarchisme, bien sûr, en passant par le surréalisme, le marxisme et l'existentialisme. Je ne renie aucune de ces positions et je pèche là par incohérence. Mais tout vaut mieux, je pense, qu'un système fermé, dur et buté, qui condamne et excommunie; à la limite, qui assassine des êtres humains. Prenant en 1936 le parti du gouvernement élu en Espagne, je ne suis pas sûr qu'à 17 ans je n'aie pas applaudi aux massacres qu'ont perpétrés ceux que, de très loin, j'appuyais. Bethune en avait peut-être le droit, lui qui soignait les victimes des fascistes. Quand tout est dit, ou presque, il reste que la tolérance m'apparaît, encore aujourd'hui, comme la moins détestable des positions, pourvu bien sûr qu'elle ne dégénère pas en apathie et en indifférence, comme ce semble être le cas chez plusieurs de nos contemporains. Montaigne, que je relis souvent, est admirable de ce point de vue; encore qu'il s'appuie trop sur les Anciens, les Romains surtout, et pas assez, à mon goût, sur sa propre vie, ou bien sur son temps qui offrait pourtant bien des occasions où sa tolérance eût pu s'exercer. Citer constamment Caton ou Pline peut servir à s'évader du présent. Paix quand même à ses cendres!

Ayant interrompu cette rédaction pour écouter les informations — il nous faut notre dose quotidienne d'horreurs — j'apprends, entre autres cataclysmes, que le dénommé Jean Chrétien pourrait revenir à la politique — qu'il n'a d'ailleurs jamais quittée. Les sondages le déclarent plus populaire que son rival, John Turner. Comme quoi, si le pire n'est pas toujours sûr, il n'en arrive pas moins très souvent. On croyait éliminée une certaine forme de pollution démagogique; on avait tort, elle revient par la porte de derrière, plus menaçante que jamais. On trouverait là une autre raison pour justifier une alliance avec le NPD, car les conservateurs devenant de plus en plus nuls, il faudrait barrer la route aux libéraux, et particulièrement, à ce farceur de Chrétien. Mais qui se souvient de son rôle méprisant au Référendum et dans l'adoption du «Canada Bill»? Tout passe et tout lasse si vite! Il y a des moments où les plaies d'Égypte semblent revenir pour de bon! Aujourd'hui, elles s'incarnent dans des personnages politiques: Bourassa, Mulroney, Chrétien, et comble de malheur elle se présentent comme la manne. Signe des temps!

Le 31 juillet (ajout au 29 juillet)

On peut et on doit continuer à se demander pourquoi le gouvernement du Québec a perdu le Référendum en 1980. Ce questionnement est important, moins pour satisfaire la curiosité intellectuelle que pour savoir ce qu'il conviendrait de faire si jamais l'occasion se représentait. On peut invoquer entre autres le moment de l'année où s'est tenu le Référendum. Je me souviens d'une réunion convoquée par deux politicologues appartenant au cabinet du premier ministre et qui réunissait quelques personnes, dont j'étais — ce devait être au début de 1979 —, pour leur demander leur avis sur la saison la plus appropriée à la tenue du Référendum; l'hiver et l'été étant exclus, nous avions donc le choix entre le printemps et l'automne. Sans nous être consultés, nous répondîmes «L'automne»; nous croyions qu'au printemps, le temps des vacances étant déjà dans l'air, les Québécois ne veulent rien faire d'autre que de se brunir au soleil et de célébrer le retour de la chaleur. C'est une opinion qui se défend assez bien. Le gouvernement, probablement M. Lévesque surtout, choisit pourtant le printemps 1980. On a dit, à tort ou à raison, qu'il a eu tendance à reporter les échéances, dans l'espoir qu'entre-temps quelque chose se passerait qui jouerait pleinement en sa faveur. Le joueur de poker croit lui aussi aux miracles!

Je propose ici une hypothèse qui me semble plus déterminante, quoique la comparaison qu'elle suppose avec un événement américain extrêmement important, la guerre de Sécession des années 1860, pourra paraître farfelue à plusieurs. On peut croire, en dernière analyse, que la situation du Québec, telle qu'interprétée par le PQ et sa clientèle, conduirait à une sorte de sécession, comme ce fut le cas aux États-Unis. Il ne fallait peut-être pas utiliser ce terme aux États-Unis, ni même ici pendant le Référendum, mais en fait, c'est ce dont il s'agissait. Depuis 1865, les historiens américains se demandent pourquoi les Confédérés

— les États du Sud — ont perdu la guerre; cette interrogation a fait l'objet de centaines de volumes. Le dernier en date, *Why the South lost the Civil War*, est analysé par un grand historien de Yale, C. Vann Woodward, dans la *New York Review of Books* (vol. XXXIII, no 12). Selon la conclusion des quatre auteurs du livre en question, le Sud perdit la guerre surtout à cause de la *faiblesse de son nationalisme*. Mon hypothèse donc, c'est que le Québec perdit le Référendum pour la même raison. Les Sudistes, résume Woodward, manquaient «du sens de l'unité [*oneness*], ce sentiment presque mystique de la nation. Il [leur] manquait un consensus sur leurs raisons de se battre, sur ce qu'ils préconisaient et pourquoi ils étaient un peuple distinct et devaient obtenir leur indépendance. [...] Il y avait de vrais nationalistes sudistes, mais ils ne représentaient qu'un petit pourcentage. Du rang des vrais nationalistes, il faut exclure les esclaves, les Blancs des Appalaches mécontents et les Unionistes [pronordistes]. Il y avait aussi une histoire commune, vécue ensemble par le Sud et le Nord; il existait donc une espèce de nationalisme américain dont certains actes et certains symboles troublaient la conscience d'un nombre indéterminé de Sudistes. L'inachèvement [*incompleteness*] de la sécession et les limites des caractères distinctifs, écrit encore Woodward, peuvent être jugés dans ce que la nouvelle nation gardait de l'ancienne. [...] David Potter énonce ce paradoxe: le Nord et le Sud étaient 'séparés par un nationalisme commun, chacun avec sa propre image de l'Union, qui n'était pas partagée par l'autre'.»

S'il est légitime et instructif pour les Américains de s'interroger sur ces événements qui datent de 120 ans, nous devons, nous Québécois, nous demander pourquoi le gouvernement du Québec a perdu le Référendum en 1980, comme celui du Sud a perdu la guerre. Sans vouloir assimiler guerre et consultation populaire, il me semble y avoir des points communs entre les deux événements. Et l'expression de «faiblesse du nationalisme» des Confédérés s'applique aussi aux Québécois. D'autre part, du fait que les Sudistes voulaient faire sécession de l'Union — que représentaient les États-Unis jusqu'au moment de la guerre — pour maintenir l'esclavagisme, il est évident que les esclaves du Sud ne prirent pas parti pour les Confédérés. Cette remarque s'applique *mutandis mutatis* à nos 20 pour 100 d'anglophones et d'allophones — ces derniers subissant davantage l'influence des anglophones que des francophones — qui ne pouvaient désirer se séparer du «Dominion of Canada» dans lequel ils reconnaissaient leur patrie et auquel ils s'identifiaient; ils étaient canadiens avant d'être québécois; la sécession du Québec ne les attirait aucunement. Ils ne pouvaient s'identifier aux francophones du Québec qu'ils considéraient comme une minorité pauvre et catholique au sein du Dominion. De plus, ajoutons qu'un nombre indéterminé d'entre eux — ce qui ne s'applique pas aux esclaves du Sud — se méfiaient des idées social-démocrates et socialistes du Parti québécois. À ce chapitre, on lui en prêtait d'ailleurs peut-être plus qu'il n'en avait vraiment.

Le Référendum mettait surtout aux prises les anglophones du Canada et les francophones du Québec, comme la guerre de Sécession opposait d'abord les Américains blancs du Nord à ceux du Sud. On retrouve, chez les Québécois d'expression française comme chez les Confédérés, ce manque de «consensus sur le pourquoi de leur opposition, sur ce qu'ils préconisaient, pourquoi ils étaient un peuple distinct et devaient obtenir leur indépendance». Au Québec comme dans le Sud, «il y avait de vrais nationalistes» mais leur nombre était limité. Selon les sondages, il ne dépassa jamais 15 à 20 pour 100 des Québécois.

Cependant, la comparaison la plus juste que l'on puisse faire se rapporte à l'ambiguïté du nationalisme américain auquel adhéraient Confédérés et Unionistes, d'après l'ouvrage dont il est ici question. Une histoire commune, des symboles et des idées partagés rendaient difficile pour certains Sudistes une prise de position ferme et inflexible; même chose, bien sûr, pour les Québécois d'expression française (80 pour 100 de la population). À quoi on peut ajouter, chez nous, la peur d'une dégradation économique pouvant résulter de la séparation du Québec; ce facteur joua peut-être aussi chez certains Sudistes. De plus ici, plusieurs Québécois, Trudeau en tête, étaient nettement du côté du Canada et se battaient avec acharnement contre le Québec. Cette attitude antiquébécoise apparut à plusieurs comme un élément déterminant pour expliquer l'échec au Référendum. Finalement, le Canada, tout comme le Nord, était beaucoup plus riche que le Québec; en témoigne, entre autres choses, l'argent dépensé par le Canada pour gagner le Référendum.

Le 3 août

Hier, en compagnie d'amis, je hasardai l'hypothèse que, depuis le retour de Bourassa le Petit — je l'appelle ainsi pour le distinguer d'Henri Bourassa, le Grand, lequel, soit dit en passant, était un nationaliste *canadien* — le Québec est en marche vers l'insignifiance. Je me contenterai de résumer mes arguments, laissant aux amis avec qui je discutai le soin de défendre les leurs s'ils le désirent. N'ayant à ma portée, présentement, que le *Petit Larousse*, je retiens donc le sens qu'il donne au mot *insignifiance*: sans importance, sans valeur. Je suppose qu'il faut, comme moi, avoir vécu et participé quelque peu aux événements du dernier quart de siècle pour émettre cette opinion. Quand je parle d'un Québec insignifiant, je l'applique autant aux Québécois eux-mêmes qu'aux non-Québécois. C'est évidemment dans le premier cas que le phénomène est le plus catastrophique; avant d'en parler, je veux d'abord indiquer quelle est l'image de nous-mêmes que l'extérieur nous renvoie.

Pour des raisons différentes, on revient au temps de

Duplessis, quand le Québec avait non seulement une image neutre, comme il y tend de plus en plus, épousant celle de Bourassa, mais même une image négative. On considérait le Québec comme une espèce d'autocratie, de théocratie rappelant le moyen âge: une vieille province française, avec son patois et ses retards de toutes sortes. Cette image n'était pas sans influencer ceux d'entre nous qui étions soucieux de l'opinion des autres. Nous n'avions confiance ni en nous ni au Québec. Tant que notre potentat alla répétant que nous étions des Français améliorés, que l'instruction primaire suffisait largement, que les évêques mangeaient dans sa main — pour ne rappeler que quelques-unes de ses âneries les plus connues — il n'y avait pour personne de quoi pavoiser. Mais la Révolution tranquille et, dans l'ensemble, le dernier quart de siècle — il s'arrête, pour ainsi dire, au massacre des saints Innocents, le 2 décembre 1985 — redonnèrent confiance aux Québécois et ce, nonobstant le premier règne de Bourassa (1970-1976). Pour ceux qui s'intéressaient à l'évolution des sociétés et pour les réformistes de tous poils, l'image du Québec devenait positive et soulevait beaucoup d'intérêt et même d'enthousiasme.

Depuis le 2 décembre 1985, le Québec ressemble à son premier ministre: elle devient neutre, inodore et insipide. C'est une province de 6 millions d'habitants et des poussières, qui prend rang dans le Canada, le Commonwealth et le monde conservateur; elle reaganise et chiraquise à sa manière. Le gouvernement au pouvoir s'affaire à démanteler l'État québécois car, selon lui, l'État n'a pas à commercer; ce gouvernement le fait pourtant bien volontiers, lui dont la spécialité est la vente des biens nationaux. Au Canada, le sieur Mulroney s'affaire également au même *business*. Le Québec n'intéresse plus personne, sauf les acheteurs du Temple satisfaits des prix très alléchants pratiqués par l'État-Provigo. Le Québec, qui avait suscité tant d'espoir chez les contempteurs de l'Empire américain et du petit commerce, est devenu un petit trafiquant, une sorte de 5-10-15; il s'est même doté de boubous-macoutes. Il faut ce qu'il faut pour faire de l'argent et récompenser les amis du gouvernement: les hommes d'affaires et leurs entreprises. On ne compte plus les périodiques qui, durant les dernières décennies, consacrèrent au Québec des numéros spéciaux; aujourd'hui et demain, on pourra peut-être trouver quelque manifestation de cet intérêt sous la rubrique «Soldes en tous genres». Les universitaires et les artistes, naguère véritables ambassadeurs du Québec à l'étranger, se voient déjà remplacer par des voyageurs de commerce emportant avec eux des échantillons d'amiante et autres produits locaux; ils seront munis de petites machines à calculer leurs commissions sur les transactions effectuées. La place du Québec, à Paris, deviendra la «place de la Liquidation des biens nationaux». Pour couronner le tout, Gaston Miron cédera le pas à Sinclair Stevens et au député Gravel de Montréal; ce bicéphalisme dans le but de respecter le bon équilibre entre l'Ontario et le Québec.

Voilà une image bien affriolante; elle peut même, dans un sens, activer tous les genres de négoce et susciter des invitations à l'adresse de M. Bourassa, le priant, par exemple, de venir prendre la parole à la Chambre de commerce du Landerneau. Mais surtout, il est à redouter que l'insignifiance ne nous gagne, nous, les Québécois. Ce qui serait catastrophique! Déjà en 1980, la «faiblesse de notre nationalisme» ou, pour mieux dire, de notre patriotisme, nous a empêchés de gagner le Référendum. Que serait-ce si les vendeurs du Temple sévissaient encore quelques années? Tout le monde voudra posséder son Provigo, gros ou petit peu importe, pourvu que chacun s'enrichisse sur ce territoire qui pourrait bien devenir la Louisiane du Nord. Les sentiments d'appartenance et de fierté hérités de nos ancêtres seront remplacés par les jetons de présence dévolus à nos hommes d'affaires et à nos politiciens nommés aux conseils d'administration des entreprises privées. Ne verrons-nous pas quelques entreprises en *bec* modifier leur nom: *Tartobec* deviendra *Tartare*, *Barbec* deviendra *Bar-*

bare et *Habitabec* se dira *Habitacan* (can pour Canada).
Le Québec lui-même tendra à disparaître pour devenir la
11e province du Canada ou le 52e État américain. Tout ira
pour le mieux dans le meilleur des mondes! L'État-Provigo
aura éliminé les pauvres, plus d'enquêtés ni d'enquêteurs;
rien que des riches, enfin... plus ou moins! Il y aura ceux
qui le sont déjà et ceux qui seront sur la voie de la richesse!
Qui dit mieux? Gens du pays, c'est à votre tour de vous
laisser parler d'argent! *La* PQ aura remplacé *le* PQ. Il se
pourrait bien que Pierre-Marc ou Daniel Johnson devienne
premier ministre. Les Québécois ont l'esprit large et n'en
sont pas à une «Union nationale» près! Amenez-en de la
pitoune de six pieds et des guidounes de quatre pieds; on
ne lésinera pas sur les pouces! «J'ai le goût du Québec»
laissera la place à «J'ai le goût de Ronald et de Brian».
Bref, la colonie du Canada aura été mise au pas. Le
«Canada Bill» aura été accepté par la PQ. Québécois sera
devenu synonyme de provincial, d'un parler mâtiné d'anglais et d'américain. Les Franco-Américains deviendront
nos modèles! L'insignifiance nous aura alors gagnés; en
même temps, d'aucuns gagneront beaucoup d'argent et
quelques-uns, des prix du Gouverneur général. D'ailleurs,
tout cela est déjà bien amorcé! Bourassa pourra se retirer
en disant «Mission accomplie». Vigneault et Lévesque ne
seront pas tout à fait oubliés: on aura donné leurs noms
aux hôpitaux et aux cimetières où l'on soignera et enter-
rera les anciens nationalistes.

Le 6 août

J'ai relevé dans les *Carnets de la drôle de guerre* de
Sartre une expression qui me semble être la traduction de
manhole et qu'il rend par «regard d'égout»; au Québec,
certains ont traduit l'expression anglaise par «trou
d'homme», ce qui m'a toujours paru un calque servile.

J'ai d'ailleurs trouvé le terme utilisé par Sartre dans le *Petit Larousse*.

Plusieurs amis et collègues sont en faveur de l'autogestion; la revue montréalaise *Possibles* a toujours défendu cette idéologie. J'ai moi-même écrit dans cette revue un article intitulé: «L'autogestion c'est beaucoup plus que l'autogestion», parodiant ainsi Chardonne et son «L'amour c'est beaucoup plus que l'amour». J'y exprimais l'idée, d'ailleurs reprise dans *le Besoin et le Désir* (l'Hexagone), que si l'autogestion doit remplacer le capitalisme et le communisme comme idéologie, il faut qu'elle soit, au même titre que ces deux visions du monde, une idéologie globale, une vision de l'homme et de la société proposant des réponses ou, à tout le moins, posant des questions qui concernent l'ensemble des interrogations de l'homme sur lui-même et sur la société. Autrement, l'autogestion risque, comme la coopération, de devenir le parasite du capitalisme, ou du socialisme «réellement existant». Cela dit, et après avoir lu *Domaines de l'homme* de Castoriadis et le chapitre «Éloge du suffrage universel» dans *Cynisme et Passion* de Glucksmann, je songeais que nous sommes maintenant bien loin du compte. L'idée d'autogestion bat aujourd'hui de l'aile. Pourquoi?

Parce que la pratique séculaire de nos sociétés qui consiste à déléguer ses pouvoirs à des assemblées délibérantes a eu comme résultat l'*Escape from Freedom* que stigmatise Erich Fromm. Résultat que ne préconisait pourtant pas Jean Bodin (1530-1596), que n'attendait pas Jefferson et que dénonçait Rousseau. Dans son livre, *Cynisme et Passion*, André Glucksmann écrit, et je le cite assez longuement: «L'anodin changement d'échelle introduit un nouvel espace politique; tant que de citoyen à citoyen l'échange se fait de vive voix, le 'groupe en fusion' (Sartre) autogère ses serments et ses défaillances. La possibilité de réunir tous les acteurs caractérise les formes de débats et de luttes propres à une petite cité, à une université ou à une usine 'à visage humain', en période ultradémocratique (entreprise massivement occupée) comme en régime aristocratique ou monarchique [...]. Quelles que soient les unités autogérées données au départ [...], il leur devient rapidement impossible d'autogérer les relations qui les nouent les unes aux autres. Un seuil dépassé, la délégation de pouvoir s'installe, trace une 'limite négative externe' (Sartre), introduit une vue *extérieure* au groupe en fusion. Aristote mesurait la taille idoine de la cité à la possibilité donnée au peuple de conférer oralement [...]. Pour Bodin [le gonflement de la cité] témoigne d'une impossibilité que seule la république moderne lève en imposant la souveraineté de son hétérogestion.»

Et voilà pourquoi, si l'autogestion se présente comme une solution de remplacement du capitalisme en cette fin du deuxième millénaire, elle est pourtant loin d'aller de soi. En effet, l'hétéronomie (c'est-à-dire le fait de recevoir d'autrui la norme qui nous gouverne, comme individu et comme collectivité) étant maintenant générale et acceptée, elle ne fait pas de l'autonomie (c'est-à-dire se donner à soi et à son groupe sa propre norme) un bien que nous recherchons en priorité. Bien au contraire. Tout nous invite à abdiquer notre responsabilité. Même le temps du loisir, qui pourrait être un oasis d'autonomie, est hétérogéré par quelque spécialiste. Laissez-vous prendre en charge, laissez-vous dorloter par ceux qui connaissent ça! Je lisais récemment un article à l'effet que telle ou telle collectivité avait subi trop d'élections en trop peu de temps. Personne ne prend plus le temps d'être consulté, encore moins de discuter, de «conférer», comme disait Aristote. La liberté, c'est si fatigant! D'ailleurs on risque de se tromper; ne vaut-il pas mieux, bien au chaud, accuser les autres, pester contre eux! Un jour, dans une assemblée politique, quelqu'un dans l'auditoire cria à un député: «Vendu! vendu! Tu as vendu le pays! — À qui? demanda le député. — Aux *ceusses* qui sont dans ce commerce-là!» Maintenant, le député ne répond plus; il parle à la télévision ou à la radio, ou encore sur cassette enregistrée, comme Bourassa hier.

L'abstraction avance chaque jour. On parle de plus en plus de nulle part!

Pourquoi alors s'acharner à discuter d'autonomie quand personne n'écoute et ne semble en vouloir? D'abord et avant tout parce que, croyons-nous, c'est la seule voie pour sortir de l'alternative entre capitalisme ou communisme. Ensuite, l'autonomie individuelle ayant progressé ces deux dernières décennies, on peut espérer voir surgir ce mouvement social dans les collectivités auxquelles appartiennent les personnes autonomes. Il est préférable que l'autogestion collective résulte du désir et du combat de personnes elles-mêmes autonomes, plutôt que d'être imposée d'en haut ou par une institution. Je crois, en effet, que l'autonomie collective — la prise en charge de ses normes — ne peut venir que de la personne. Le biologiste Kurt Goldstein dit que l'homme *normatif* doit remplacer l'homme *normal*. L'homme normal est une abstraction de la statistique, de l'économie et du capitalisme; c'est l'homme de la publicité et du marketing, c'est finalement celui qui répond à ce qu'on attend de lui. Il est le miroir qui reflète les normes des autres, surtout celles des dominants; c'est essentiellement l'homme hétéronome.

Le 8 août

Après avoir pris la parole, hier, devant des étudiants d'une école d'été universitaire, je rencontre un certain nombre d'enseignants avec qui je discute du Référendum. Je fais allusion à la question des Yvettes comme une des causes possibles de la défaite référendaire. Les francophones du groupe s'en souviennent et considèrent cet événement comme important. Je hasarde l'idée que ce fut une erreur de parcours des partisans du *oui*, mais qui fit peut-être jouer, dans notre société monogame, une espèce de loi non écrite prévalant depuis des siècles, comme l'a bien montré Van Gennep. Voici de quoi il s'agit: chacun, homme ou femme, a le droit d'épouser une personne de l'autre sexe; ce qui conserve l'équilibre entre les générations et donne à chacun et chacune sa chance, ou sa malchance. Si une personne qui a déjà été mariée transgresse cette loi et convole avec une personne d'une génération plus jeune, on l'empêchera de consommer ce second mariage en pratiquant le charivari, coutume qui se perd dans nos sociétés où prévaut l'anonymat. Le *Petit Larousse* donne du mot *charivari* cette définition: «bruit très fort et discordant», sans la moindre allusion à la coutume en question. Là où le charivari se pratique encore — j'en ai été témoin dans certains villages québécois — on impose une sorte d'amende au coupable, un homme ordinairement; on exigera de lui, par exemple, du gin et de la bière et on le laissera consommer en paix son second mariage. Or, n'oublions pas que l'ancien premier ministre du Québec, René Lévesque, a transgressé cette loi non écrite en se remariant avec une jeune et jolie femme. Les Yvettes ont pris fait et cause contre M. Lévesque et pour la première épouse répudiée, qui est plutôt de leur génération. Ce sont des femmes qui n'espèrent plus faire de conquêtes masculines, qui travaillent au foyer, et qui s'érigent souvent en gardiennes de l'ordre social traditionnel; j'ai entendu l'une d'elles affirmer qu'un homme aussi vieux et laid que M. Lévesque ne méritait pas une deuxième femme aussi jeune et jolie. Cette interprétation ne vaudrait peut-être pas si l'ancien premier ministre avait été veuf, mais il ne l'était pas. Ce fait nous rappelle l'histoire d'Abraham qui répudia celle qui avait mis au monde Ismaël au profit de celle qui lui donna Israël. On connaît la suite sanglante de cette histoire; ici il n'y eut pas de perte de vie, mais ce fut peut-être une des causes de la perte du Référendum qui, en un sens, est une perte de vie collective. Qui vivra, verra!

Un jeune Américain — il ne s'est pas identifié comme tel mais la teneur de sa question le donne à penser — m'a demandé si l'élite canadienne, y compris celle du Québec, avait le droit d'imposer son nationalisme au peuple *Canadian* qui, lui, désire plutôt l'annexion aux États-Unis pour s'enrichir. Il est vrai, d'une part, que l'intelligentsia canadienne et québécoise comme fraction de classe — petite bourgeoisie — profite du nationalisme. D'autre part, il n'est pas du tout certain que, nonobstant son américanisation croissante, le peuple canadien — particulièrement celui du Centre et de l'Est — désire majoritairement l'annexion aux États-Unis. Ce jeune Américain prenait sans doute ses rêves pour la réalité! J'ai la conviction qu'un référendum sur cette question amènerait une réponse négative; on a déjà dit, en effet, que le nationalisme canadien existe, même s'il est loin d'être vociférant, et que le peuple canadien s'oppose, par exemple, à toute cession d'une partie de son territoire. Des analystes canadiens donnent à ce nationalisme le nom de *mappism*; ce serait le dernier retranchement d'une identité canadienne distincte de celle des Américains. Le Québec, par ailleurs, en voie de devenir une «province comme les autres», ne voit pas augmenter le nombre des annexionnistes; perte d'identité et insignifiance accrue vont de pair.

Le 9 août

Ce que j'écris ici me fait quelquefois penser à ce qu'écrivait cet étudiant polonais à qui l'on réclamait une dissertation sur l'éléphant: *l'Éléphant et la Question polonaise*, avait-il intitulé son texte. La question du Québec m'obnubile-t-elle à ce point? Il m'est quand même arrivé de publier des livres sur d'autres sujets que le Québec: *Essai de sociologie critique* et *le Besoin et le Désir*, par exemple.

Quoi qu'il en soit, je ne peux pas rayer le Québec de mes préoccupations sans me rayer moi-même: ce qu'on hésite toujours à faire. Il y a, dans certaines familles, un squelette dans un placard, mais on n'en parle jamais. Ainsi, à Toronto voici quelques années, il était de mauvais goût d'évoquer la domination culturelle des Américains. On croyait, je suppose, que le fait de n'en point parler supprimait son existence, ou du moins l'atténuait. Ceux de l'extérieur qui appuyaient les indépendantistes — je pense surtout à des organisations et à des gens dits de gauche — ont vite fait, après 1980, de s'en désintéresser. Qui les en blâmerait? Il y a des limites à être plus royaliste que le roi. Cette attitude, cependant, ne se comprend pas des Québécois — des partisans du *oui* surtout — qui jettent le manche après la cognée. Si, d'une façon générale, et cela vaut autant pour les collectivités que pour les individus, il s'agit de passer de l'hétéronomie à l'autonomie, la question du Québec reste alors entière. Ce n'est pas que je me désintéresse du Chili ou du Nicaragua, ni même des États-Unis, mais je suis québécois, et par conséquent je connais mieux — ou moins mal — les enjeux que met en cause la dépendance de ma terre natale. C'est qu'ici encore, je suis relaps, c'est-à-dire retombé dans l'hérésie, et que je continuerai à parler du Québec, ne serait-ce que pour embêter ceux qui ont décidé de n'en plus parler!

Lors de ma rencontre avec ces étudiants des cours d'été dont j'ai parlé plus haut, l'un d'eux m'a demandé si, à mon avis, le gouvernement de Robert Bourassa obtiendrait des représentants politiques des autres provinces la réouverture du dossier constitutionnel, afin de permettre au Québec d'adhérer à la Constitution, aux conditions stipulées par le présent gouvernement. On se demande d'abord en quoi ce gouvernement a besoin de pouvoirs spéciaux. Pour faire quoi? Il n'a besoin de rien de particulier pour faire du Québec une province comme les autres. Ni pour liquider le patrimoine national! Mais cela est une autre question. L'interrogation concernait les autres provinces. Pourquoi accorderaient-elles au Québec une espèce de statut particulier? Pour elles, comme pour bien des provinciaux du Québec, la question québécoise, réglée en 1760, le fut encore d'une façon plus définitive en 1980. D'ailleurs, même si elles s'entendaient pour agréer les demandes du Québec, il y aura toujours un Chrétien quelque part pour tout bousiller. Cette race ne s'éteindra jamais; elle est née avec Caïn et se perpétue depuis lors, je devrais dire que chez nous elle se multiplie!

Le 10 août

Je continue à m'interroger sur la défaite du PQ au Référendum; je reviens sur le mot *oneness* des historiens américains de *Why the South lost the War*. Cette unité qui manquait aux Sudistes — et qui manquait aux Québécois, même aux Québécois francophones —, comment se réalise-t-elle? Par le discours, selon des sémiologues et des anthropologues. C'est en effet ce que Lévi-Strauss appelle l'«efficacité symbolique», celle que produisent, par exemple, la lecture de *l'Humanité* chez les partisans du PCF, ou les paroles du chaman dans une tribu.

Au Québec, quels étaient entre 1976 et 1980 les porteurs de cette «efficacité symbolique»? Ou, pour poser la question différemment, à quel mythe fondateur les francophones d'ici pouvaient-ils se rallier? On se rend compte rapidement qu'il y a partout ambiguïté. Il n'est pas surprenant que les francophones québécois se soient partagés à peu près également entre le *oui* et le *non*. Assez curieusement, les Métis, eux, ont un francophone, Louis Riel, à qui ils peuvent unanimement se rallier. Au Québec, ce ne sont ni Louis Hippolyte Lafontaine, ni Cartier, ni Laurier, ni encore moins Trudeau qui peuvent remplir cet office. Le mythe rassembleur serait celui qui crée l'unité (*oneness*), d'où encore ambiguïté. La date de 1760 présente un caractère différent pour chaque groupe — les anglophones et les francophones — les uns l'appellent la «Conquête» et les autres la «Défaite»; il est d'ailleurs symptomatique de toutes les questions soulevées ici que les francophones aient longtemps appelé 1760 la «Conquête» plutôt que la «Défaite». Des Québécois qui, consciemment ou insciemment, recherchèrent l'«efficacité symbolique» d'un mythe fondateur furent obligés de se rabattre sur les Rébellions de 1837 et 1838; qui furent pourtant des *défaites*. À telle enseigne que, pour la moitié des Québécois francophones, la défaite du PQ au Référendum de 1980 est en voie de devenir le mythe fondateur de l'État-Provigo. Il faut aussi souligner qu'entre 1976 et 1980 les médias étaient, dans leur très grande majorité, en faveur du *non*. Chez nous, rien de comparable à *l'Humanité* pour jouer ce rôle de rassembleur des partisans du *oui*. S'il fallait choisir un auteur québécois représentatif de l'ambiguïté dont nous parlons ici, il faudrait citer Félix-Antoine Savard et son *Menaud, maître draveur*. Après la lecture de cet ouvrage, on s'attendrait à voir son auteur épouser la cause du PQ. Ne cite-t-il pas Louis Hémon en exergue au premier chapitre: «Des étrangers sont venus qu'il nous plaît d'appeler des barbares; ils ont pris presque tout le pouvoir! ils ont pris presque tout l'argent»? Pourtant, je ne sache pas qu'il l'ait fait; les partisans du *non* tentèrent même de l'amener à se prononcer publiquement en leur faveur. Je serais heureux que l'on me démente là-dessus; je voudrais bien avoir tort...

Le 11 août

À peu près tout le monde, je le suppose, s'accorde à dire que les Français et les Allemands ont la tête plus théorique que les Anglais. Et, par conséquent, plus d'esprit de système. Est-ce pour cette raison qu'on brûle très vite ce qu'on avait adoré, et que l'on cherche ailleurs ce qui, croit-on, rendrait mieux compte de la réalité? On dirait parfois que chacun veut faire son petit Hegel et produire son Absolu. C'est pourquoi il y a tant de fluctuation des valeurs intellectuelles sur la place de Paris. Des amis me disaient récemment l'engouement actuel de certains intellectuels français pour Aristote. Après avoir d'abord boudé Freud, les Français se mirent ensuite à l'interpréter différemment et à fonder des groupes de psychanalyse qui, de scission en scission, ont produit des petits monstres de ratiocination. Marx a subi le même sort. Chacun, dirait-on, veut établir sa vérité, son système. À y regarder de plus près, tout grand auteur semble tributaire de son temps. Chacun effectue un tri parmi les idées reçues et apporte sa contribution à l'édifice. Cela est vrai même des plus grands. On dit de Marx, par exemple, qu'il s'inspira de trois sources, ce qu'il n'a d'ailleurs jamais caché: la philosophie allemande, le socialisme français et l'économie politique anglaise; il en proposa une synthèse qui *dépassait* chacun de ces apports. Je pensais à ce phénomène en relisant hier un auteur malheureusement oublié, Sydney Hook. Dans son *From Hegel to Marx*, il démontre très bien comment ce dernier laissa tomber certaines thèses de Hegel et certains éléments de sa méthode pour en retenir d'autres; et Marx fit la même chose avec Feuerbach. Qui l'accusera d'éclectisme? La création intellectuelle, comme la création artistique, ne surgit jamais *ex nihilo*; il s'agit pour le créateur de proposer sa vision du monde, de la restructurer à partir de ce qui existe déjà. C'est pour cela qu'on y trouve à la fois continuité et discontinuité. Le seul monde entièrement personnel c'est celui de l'aliéné, impossible à interpréter car personne n'en possède le code.

J'ai d'ailleurs souvent remarqué au cours de mes années d'enseignement que les étudiants venant de milieux où l'on exerce peu d'emprise sur la réalité sont ceux qui énoncent les projets les plus grandioses, ceux qui n'ont aucune chance de voir le jour. Il m'a toujours paru que le plus important ne résidait pas nécessairement dans les nouveaux contenus, mais plutôt dans les structurations et les restructurations; ce sont dans ces dernières que se produisent les dépassements, dans ce que j'ai appelé, et continue d'appeler la *praxis*, malgré les modes qui passent si vite. Est-il rien de plus désolant, par exemple, que de vouloir tout chambarder à partir de l'informatique? Je me suis déjà expliqué très brièvement là-dessus dans *Possibles* (hiver 86) et je n'y reviendrai pas ici.

Au Québec, la coupure entre l'intelligentsia et le «vrai monde», comme on disait naguère à l'université, produit des effets sans doute insoupçonnés à cause de l'écart entre nos deux métropoles intellectuelles: la française maximaliste d'une part, et l'américaine gradualiste d'autre part. La république des professeurs et celle des *businessmen* s'affrontent. Et, entre les deux, l'Union nationale, qui aujourd'hui, comme celle de Johnson, n'est ni chair ni poisson; en d'autres termes, assise entre deux chaises. C'est pourquoi quand récemment les options se radicalisèrent, les *noui* eurent tendance à disparaître.

La Révolution tranquille, on l'a abondamment souligné, coïncida avec la décolonisation à l'échelle mondiale. Ce qui donna lieu, dans les métropoles occidentales, à l'idéologie tiers-mondiste. Mais la lutte que se livrent les États-Unis et l'URSS, les nombreux coups d'État qui se produisirent dans le tiers monde et les luttes sanglantes qu'ils engendrèrent ont fait reculer cette idéologie. En 1980, les idées et les choses avaient bien changé. Est-ce là une cause à ajouter au faisceau de celles qui expliquent la perte du Référendum par le PQ? Voilà des questions que ne posent pas les sondages, car ils sont fondés sur les intérêts et les valeurs des «centralités», quelles qu'elles soient.

Je relisais récemment le très beau livre de Vincent Descombes, *le Même et l'Autre*, histoire de la philosophie française contemporaine (1933-1978). Je constate ceci: au moment où tant de peuples accédaient ou voulaient s'intégrer *au* temps des métropoles, en France, ainsi que le note Descombes — particulièrement en raison de la diffusion des idées de Nietzsche (1844-1900) —, on parlait plutôt de la fin *des* temps. Tesson de l'Europe, de la France, le Québec, celui surtout de la république des professeurs, n'a-t-il pas voulu advenir pleinement (Maurice Clavel) trop tard? Participant à la fois du tiers monde et de la modernité (par ses rapports avec la France et les États-Unis), le Québec manifeste une certaine ambiguïté dès le printemps de 1960, en accord avec une bonne partie de son histoire. Non pas que pour moi l'ambiguïté soit un mal — je pense ici à *Pour une morale de l'ambiguïté* de Simone de Beauvoir et à l'«équivocité» de Michel Serres — mais est-elle vraiment propice à ceux qui veulent se libérer des contraintes politiques et culturelles? Les sondages sont encore muets là-dessus. Pour ceux qui les prennent pour guide — et qui ne le fait pas? — la superficialité devient un genre de vie. «Aimez-vous la tarte aux pommes? — J'aime mieux la tarte aux fraises.» Vous devez répondre oui ou non! Si on ne pose pas les bonnes questions, comment peut-il y avoir de bonnes réponses? Ainsi s'instaure une espèce de cercle très vicieux qui finit par tenir lieu de réalité, par exemple: «Les Québécois rejettent la tarte aux pommes.»

Le 19 août

Mentionnons ici certains propos tenus par un anglophone au sujet des francophones. Le salut des Québécois francophones, disait-il, passe peut-être par leur intégration aux États-Unis; ils pourraient ainsi devenir les Cajuns du Nord. On sait, poursuivait-il, que les Cajuns sont universellement connus, et les Québécois pourraient le devenir aussi. J'ai rarement entendu une opinion aussi pessimiste sur notre avenir. Ces propos justifient ceux que j'ai formulés plus haut sur l'insignifiance à laquelle nous sommes voués si Bourassa devait rester encore longtemps au pouvoir. Si cet anglophone qui nous aime bien — je n'en doute pas — émet de tels propos quant à notre louisianisation salvatrice, que pensent donc ceux des anglophones d'ici qui nous aiment moins? Quant à moi, j'espère que ces remarques feront réfléchir ceux qui auraient jugé trop pessimistes et trop partisans les propos que j'ai tenus plus haut. Avec l'impérialisme culturel américain, la culture québécoise — enjeu, depuis toujours, de nos résistances historiques — n'a jamais été si menacée. Que sera-ce donc quand le présent gouvernement aura abaissé sa garde, pour permettre à Bourassa de continuer à se faire élire dans un comté montréalais à majorité anglophone? Malgré les mesures prises par le PQ, la langue française traîne toujours la patte. Mais le plus grave consiste dans l'émoussement de notre fierté et de notre vouloir-vivre collectif.

Le 24 août

Une jeune amie, venue me rendre visite à la Renardière, apporta avec elle un volume qu'elle utilise dans les études qu'elle poursuit à l'Université Laval. Il s'agit d'un petit livre intitulé *À propos des cultures populaires*, de C. Grignon et J.-C. Passeron. Intéressé par le sujet, je lui demandai de me le prêter. Je tombai sur un bel exemple de ce que le *Petit Larousse* appelle la *jargonaphasie*, ainsi définie: «trouble du langage caractérisé par la substitution de termes inintelligibles ou inadéquats aux mots appropriés». J'ai toujours cru que des gens n'ayant rien ou peu à dire camouflent leur ignorance sous des phrases et des mots plus creux les uns que les autres. On connaît tous certains *logues* souffrant de ce mal; ils ressemblent au Bourgeois gentilhomme qui demandait à son maître de philosophie de lui indiquer une façon moins terre à terre d'écrire: «Belle marquise, vos beaux yeux me font mourir d'amour»; après avoir fait subir à cette phrase toutes sortes de «permutations», le maître assure à monsieur Jourdain que la meilleure façon de dire est finalement la sienne. Les *jar-*

gonneux n'en croient rien et continuent de se contorsionner pour faire savant. En voici un exemple: «Si l'ethnocentrisme constitue l'organisation première de toute perception de l'altérité sociale, le 'sol natal' de toute description, on comprend immédiatement que tous les chemins ramènent à cette Rome herméneutique.» Et voilà pourquoi votre fille est muette! Cette phrase est de Passeron qui fit ses classes avec Bourdieu. Que de grimaces pour avoir l'air savant!

Le 25 août

Nemo incipit amare mulierem nisi prior delectaverit in pulchritudine sua; Thomas d'Aquin, je crois, écrivit cette phrase. Ma version est quelque peu différente. Sans penser que le corps et l'âme sont deux réalités distinctes, je crois néanmoins qu'en ce qui touche la sexualité le corps a plus de part que l'esprit, et qu'en première instance c'est lui qui décide de ce que Montaigne appelle la «conjonction» des corps. Je ne cherche pas à établir de loi générale là-dessus mais simplement à dire que, pour moi, c'est ainsi que ça se passe. Ce ne furent jamais des considérations intellectuelles qui me portèrent vers une femme, mais mon corps qui, le premier, m'alerta sur la compatibilité d'humeur, pour ainsi dire, avec un autre corps. Je n'ai aucun mérite à être monogame, puisque c'est chez moi une espèce de comportement biologique où n'entre pas la morale. J'eusse quelquefois aimé qu'il en fût autrement!

Le 28 août

On dit en psychanalyse que l'humour est un mécanisme de défense, c'est-à-dire un moyen utilisé par une personne pour ne pas se laisser entamer par une autre et pour prendre les devants dans des échanges verbaux susceptibles de trop dévoiler sa sensibilité. C'est probablement vrai. J'ai souvent remarqué, en effet, qu'on en sait généralement peu sur une personne par ailleurs bien connue pour son humour, en dehors justement de sa propension à rire et à faire rire. Les Anglais, passés maîtres dans cet art, ne sont certes pas ceux qui se confient le plus. Je remarque ici, dans la région de Trois-Pistoles, la très grande discrétion des gens qui, avant de dire oui ou non, essaient de s'en tirer par des réponses évasives. Il est extrêmement difficile de prendre rendez-vous avec eux, de les amener à fixer une heure précise pour telle ou telle de leurs activités: j'irai betôt, tout à l'heure, dans le courant de l'après-midi, avant la fin de la semaine. Ils n'aiment pas s'engager et détestent avoir tort. D'autre part, ils possèdent un humour assez particulier, lui aussi tout en nuances. Il doit bien exister une relation entre les deux faits. L'une des meilleures façons d'établir le contact avec eux est précisément l'humour. Ce n'est qu'après avoir ri qu'on peut aborder d'autres sujets, ceux justement où il faut se commettre soi-même un peu plus. Leur façon de s'exprimer est *litotique*; au lieu de dire, par exemple, qu'un tel a beaucoup d'argent, on dira plutôt qu'il est «à moitié riche».

Il reste qu'il est extrêmement difficile de définir, ou plutôt de donner les ingrédients de ce que peut être l'humour national. Certaines blagues québécoises ne peuvent être traduites ni en français commun ni en anglais, mais cela relève davantage du langage ou de quelques événements historiques dont le rappel serait souvent trop long. Tout ce que je sais, c'est qu'en général les programmes de radio et de télévision qui se veulent humoristiques me font rarement rire. Par exemple, *Samedi de rire* ne me déride pas souvent. Est-ce à cause d'Yvon Deschamps dont je n'ai jamais aimé l'humour, ses farces frisant souvent l'antisémitisme, le machisme, le misérabilisme et le chauvinisme? S'accorde-t-il par ces traits-là avec l'humour québécois? Ce serait la raison du grand succès de ce comédien. Il y a certainement, par ailleurs, une question d'âge et de génération. Dans quelques-uns des articles qu'elle publia dans la revue *Communications*, Violette Morin a essayé d'analyser certaines formes d'humour. Je ne sache pas qu'elle se soit entièrement dépouillée d'un certain ethnocentrisme français, bien que je l'aie entendue raconter des blagues sur le Grand Nord canadien où elle avait saisi, me semble-t-il, des incongruités de situation. C'est donc dire, bien que je me sois toujours intéressé à l'humour, que j'aie dirigé des thèses qui en traitaient, combien le sujet m'apparaît encore très complexe et difficilement cernable. Il ne faut pas bouder son plaisir et il est bon de rire quand l'occasion se présente, même si on ignore parfois si la blague est juive ou anglaise. Pourquoi ces blagues sont-elles mes préférées? Je n'en sais rien.

Je reviens à un sujet déjà traité, soit la décapitation de la bourgeoisie à la suite de la défaite de 1760, et à certaines de ses conséquences. Dans les pays ne présentant aucun problème de continuité dans leur développement, des hommes et des femmes purent s'adonner librement à l'activité artistique, particulièrement à l'écriture, grâce à l'accumulation, au fil des générations, d'un patrimoine familial leur permettant de se consacrer à leur œuvre sans avoir le souci de gagner leur vie. La France, l'Angleterre ou les États-Unis offrent bien des exemples de ces artistes ou écrivains privilégiés. Ici, ce fut rarement le cas. Une fois cité le nom d'Alain Grandbois et de quelques autres, la liste est complète. Sans oublier qu'il nous fallut compter avec l'exiguïté de notre population. Parodiant le titre d'un ouvrage de Cioran on pourrait écrire: *De l'inconvénient d'être né pauvre et petit*. Duplessis, dit-on, justifiait certaines largesses partisanes en affirmant qu'il voulait faire naître des millionnaires qui, eux, enfanteraient des rentiers. Comme il n'aimait pas les poètes, ceux qui en somme possédaient plus qu'une éducation primaire, il n'est pas surprenant que ses millionnaires préférèrent continuer à s'illustrer en politique plutôt qu'en poésie. Avec Bourassa, ce sera surtout en comptabilité!

Je soutenais auprès d'une amie que le jour où changent notre conception de la nature et notre comportement envers elle, ce jour-là marque le début d'un autre mode de production, ou préférablement d'un nouveau mode de communication, comme aime à s'exprimer Lévi-Strauss. Elle me répondit que tout cela est bien long. Car on ne cesse pas du jour au lendemain d'exploiter et de dominer la nature, et par voie de conséquence les hommes et tout ce qui vit. Déjà, tout de même, on note de grands progrès; des étudiants me disaient, à ce propos, que leurs jeunes frères et sœurs sont maintenant attentifs à la liste des ingrédients qui entrent dans les produits dits comestibles. On ne s'empoisonne plus et l'on n'empoisonne plus la nature aussi allègrement qu'auparavant. Certains peuvent encore tuer les Amérindiens avec les brochets au mercure, mais les jours de ces irresponsables sont comptés! Évidemment, les entreprises privées se sont arrogé le droit de détruire la nature sous le seul prétexte des gros profits à en tirer, et c'est pourquoi l'opinion publique doit rester en éveil et dénoncer les criminels de droit commun jusqu'à ce qu'ils soient pendus haut et court! À moins que l'eau et l'air, étant considérés comme biens nationaux, ne soient vendus à l'entreprise privée! Mais le pire n'est pas toujours sûr.

Le 29 août

Le mercredi 27 août 1986, trois hommes politiques faisaient paraître dans *le Devoir* un plaidoyer pour l'unité des indépendantistes. Cette question, bien évidemment, intéresse tous les indépendantistes, anciens et nouveaux. La plupart des remarques de MM. de Bellefeuille, Monière et Rhéaume me semblent justes; ce qu'ils souhaitent en somme c'est, ni plus ni moins, un autre référendum sur la question du Québec. C'est là que commencent les difficultés, car cette position m'apparaît assez peu réaliste. En 1980, le Parti québécois organisait un référendum, donnant ainsi suite à la promesse électorale faite avant 1976, où il se déclarait favorable à une renégociation d'un autre type d'association avec le Canada. Pour arriver à cette fin, il lui fallut d'abord gagner l'élection de 1976 en se présentant devant l'électorat comme n'importe quel autre parti politique. Sa gestion de la dépendance — c'est bien de cela qu'il s'agit — ne semble pas avoir été rejetée par la population, puisqu'il fut réélu en 1981 avec une importante majorité. Pourtant, il perdit le Référendum en 1980. Comment redonner au peuple québécois l'occasion de se prononcer à nouveau sur cette question? Peut-il y avoir un autre scénario que celui mis en œuvre récemment? Je prends pour acquis que les institutions et les mécanismes entourant les consultations populaires restent les mêmes.

On imagine mal Bourassa mettant sur pied un tel référendum; il ne l'a jamais promis et il n'y est donc aucunement tenu. S'il le faisait — hypothèse très improbable — son gouvernement ferait campagne pour le *non*. Les chances de gagner seraient bien minces pour les indépendantistes qui, aujourd'hui, ne sont représentés par aucun député ouvertement favorable à leurs thèses.

Supposons, par ailleurs, que les indépendantistes s'unissent en un parti prônant franchement l'indépendance du Québec et qu'ils participent à la campagne électorale de 1989 ou 1990. Ils auraient contre eux les libéraux et les péquistes qui se présenteraient devant les électeurs avec un programme de gouvernement. Ce ne serait donc pas un référendum, mais une simple consultation électorale, tout comme celles de 1976, 1981 et 1985. Pourraient-ils passer outre à cette obligation et n'avoir pour programme que la promesse de tenir un référendum s'ils gagnaient l'élection? On voit mal comment ils y arrive-

raient, puisque le PQ mit huit bonnes années avant de conquérir le pouvoir, soit de 1968 à 1976, avec un programme
électoral en gros social-démocrate et une organisation très
démocratique.

D'ailleurs, à quoi servirait une indépendance qui
serait une fin en elle-même et non plus un moyen de bâtir
une société plus juste et plus humaine? À tort ou à raison,
la plupart des analystes estiment depuis toujours que l'indépendance comme finalité recrutait ses partisans surtout
dans une droite quelque peu raciste et revancharde.

Ceux et celles qui ont le courage de repartir presque à
zéro, après le tête-à-queue du PQ, devraient essayer de
convaincre une majorité de Québécois et de Québécoises
que l'indépendance ouvrirait la voie à une meilleure
société. On remarque également que ce plaidoyer laisse de
côté l'aspect «association» et que l'option des indépendantistes est plus radicale aujourd'hui qu'en 1980. En ces
temps d'angoisse et d'incertitude, est-ce ainsi que ces mes-
sieurs veulent rassurer un électorat prudent et craintif?

Le 5 septembre

Il m'a toujours paru gênant, pour ne pas dire obscène,
que des intellectuels — des gens que l'on classe ainsi ou qui
eux-mêmes se disent membres de la tribu — choisissent
d'étudier les intellectuels comme si d'emblée ils ne s'en
excluaient pas, les intellectuels étant essentiellement des
gens qui s'occupent des valeurs de la cité, au-delà de leurs
activités techniques. Les intellectuels s'intéressant à
d'autres intellectuels devraient pouvoir leur opposer des
valeurs différentes et non pas seulement des «techniques
de rangement», si sophistiquées soient-elles. C'est l'une
des perversions de notre époque que d'interpréter des activités qui sont essentiellement des options et des prises de
position en leur appliquant des critères servant à classer

des pratiques sociales qui relèvent de la répétition et de la mimétique. Il est vrai que certains intellectuels, désireux de se faire passer pour des scientifiques, ont longtemps ainsi prêté le flanc à cette surenchère. J'ai souvent comparé certains intellectuels d'ici, que j'appelle positifs, à la grand-mère canaque qui monte pisser au faîte d'un arbre pour bénir sa descendance recueillie et agenouillée en bas à ses pieds. Plus ces intellectuels montent haut dans l'arbre, plus ils croient avoir atteint le point de vue de Sirius, celui de l'objectivité, alors qu'ils ne font que camoufler leurs partis pris.

C'est ainsi que certains intellectuels, prétendant jouer les vierges sages, ne se déclarèrent jamais pour ou contre l'indépendance; rien dans les mains, rien dans les poches, ils firent vœu d'abstinence dans les grands débats de la communauté nationale. Ces intellectuels vont diffusant leur bonne parole aseptisée au gré de leurs humeurs et de leurs intérêts; ils encensent les uns pour mieux descendre, éventuellement, ceux qui auront perdu un peu de la faveur publique. Certains se sont acquis une grande réputation d'objectivité et de neutralité, alors qu'ils mangèrent à tous les râteliers. Il faut toutefois ajouter à leur décharge que les médias, affichant une supposée neutralité, sont bien aise de solliciter l'avis de ces analystes prétendument objectifs, alors qu'en réalité les uns et les autres se situent toujours du côté des pouvoirs.

Le 8 septembre

C'est en 1962 qu'Hubert Aquin écrivit son célèbre essai: «La fatigue culturelle du Canada français» (*Liberté*, vol. 10, nº 2). Qu'écrirait-il aujourd'hui, presque 25 ans plus tard? Serait-ce la fatigue qui prévaudrait? ou autre chose? Je pensais à cet essai d'Aquin en lisant une étude de Claude Lefort consacrée à Tocqueville. Dans *De la démo-*

cratie en Amérique, Tocqueville écrit qu'au sortir d'une révolution «le goût de la tranquillité publique devient une passion aveugle et les citoyens sont sujets à s'éprendre d'un amour très désordonné pour l'ordre», et Lefort ajoute que cette «peur de l'anarchie [...] révèle chez Tocqueville le vide que creuse le retrait de chacun dans sa sphère propre — un vide dans lequel vient s'engouffrer le pouvoir social» (*Essais sur le politique*, p. 205). Évidemment, Tocqueville parle de la Grande Révolution; chez nous, ce fut la Révolution tranquille qui nous créa bien du tintouin et qui s'acheva par le massacre des saints Innocents, le 2 décembre 1985. Entre 1980 et 1985 se sont manifestés les signes d'une longue agonie où, ici comme en France à cette époque, le désir de tranquillité publique prévaut dans toutes les classes de la société.

Est-ce là la fatigue culturelle dont parlait Aquin il y a 25 ans? Ne commençait-on pas à percevoir ce qui aujourd'hui s'épanouit, soit le «retrait de chacun dans sa sphère propre», c'est-à-dire chez nous dans les affaires où, sans nul souci du bien commun, l'on ne songe qu'à son patrimoine personnel. Fatigue, désir de tranquillité pour s'enrichir tout à son aise, ne plus entendre parler ni du pays, ni de la nation, ni de l'indépendance, ni de la social-démocratie. Ici également, même crainte de l'anarchie; il faut des gouvernements forts pour s'enrichir tranquillement sous l'œil de Dieu. C'est la nouvelle religion du Québec. Et, comme chez Ionesco, ici aussi «l'avenir est dans les œufs». L'État-Provigo s'occupe de faire pondre toutes les poules du pays.

Le 11 septembre

C'est en lisant certains passages du dernier livre de Castoriadis: *Domaines de l'homme*, que l'idée m'est venue de faire un court bilan de ce que le marxisme a représenté

et représente encore aujourd'hui pour moi. Mon cas ne
diffère pas beaucoup, je crois, de celui d'un certain nombre de Québécois. Revenant au Québec au début des
années 60 après une absence quelque peu prolongée, et
épousant l'air du temps, la contestation de la société traditionnelle et la formulation d'un autre projet de société
pour le Québec, c'est presque naturellement, à l'exemple
de plusieurs d'entre nous, que je m'intéressai au marxisme
comme méthode pour analyser et interpréter cette réalité.
Pendant une quinzaine d'années, je donnai un cours sur la
sociologie du marxisme. Étant devenu avec le temps de
plus en plus critique à l'égard de ce système d'interprétation du monde, je cessai de donner ce cours, car j'en vins à
croire que je ne rendais plus justice aux écrits de Marx, ne
les exposant pas assez objectivement. Je me suis expliqué
sur ma position vis-à-vis de Marx dans deux petits ouvra-
ges: *Essai de sociologie critique* (HMH) et *le Besoin et le
Désir* (l'Hexagone).

Cependant, je n'ai pas rejeté Marx d'un seul bloc ni
ne suis parti en guerre contre ses idées, comme d'autres le
firent ici et en France. Je me flatte plutôt d'avoir essayé,
modestement, d'appliquer certaines de ses idées à des
situations contemporaines qu'il n'a pas connues et ne pouvait pas connaître. Ma position ne m'a pas opposé à certains de mes contemporains autant que Castoriadis l'a été
à Sartre, par exemple, qui continua à défendre Marx et
l'URSS alors que depuis longtemps déjà Castoriadis dénonçait l'un et l'autre, notamment dans *Socialisme ou
Barbarie*. Avec le temps, il est devenu un des grands spé-
cialistes du régime russe et ne put tolérer l'attitude conci-
liante de Sartre envers le système soviétique. Je savais, en
gros, que Sartre exagérait ou ne voulait pas dire tout ce
qu'il savait — ou aurait dû savoir — sur le «socialisme
réellement existant», mais je n'en étais pas dérangé autant
que Castoriadis qui, de son côté, dénonçait toutes les horreurs de ce qu'il appela plus tard la stratocratie. Je ne vois
pas là malhonnêteté, mais plutôt un effet déplorable de la

bipolarisation du monde et une manifestation de la guerre froide qui resurgit à tout bout de champ. Il faut aussi, de toute évidence, faire la distinction entre marxisme et communisme. Il faut également reconnaître que dans plusieurs pays du monde l'héritage de Marx est, pour ainsi dire, tombé dans le domaine public et qu'il ne sert pas à grand-chose de le contester globalement. D'ailleurs, on a dit et répété que, dans les pays qui se disent socialistes, il y a belle lurette que la référence à Marx est devenue une vieille habitude et n'a plus aucun impact sur ces sociétés.

Il m'a toujours semblé préférable de garder de Marx ce qui peut encore servir à l'analyse et à la compréhension du social-historique plutôt que d'aller aux extrêmes, soit en le combattant à outrance comme le font ceux qui hier encore l'idolâtraient, ou encore en l'utilisant mécaniquement comme le fait le PCF. Tout dépend, bien sûr, de la situation politique globale et de celle qui prévaut dans son propre pays. La position de Rudolf Bahro, dans son livre *Alternative*, me paraît acceptable. Que je sache, nous ne sommes pas menacés ici d'une prise du pouvoir par les marxistes-léninistes ou par toute autre secte de ce genre; ceux qui se faisaient valoir dans certaines organisations politiques se sont effacés en douce et il n'est nul besoin de les rappeler à l'attention générale.

Somme toute, le Québec devait, à mon avis, expérimenter cette grille d'analyse qui a aidé, me semble-t-il, un grand nombre de personnes à poser correctement les problèmes, sinon à les résoudre. Comme dans plusieurs pays occidentaux, Marx et le marxisme font partie de notre héritage critique.

Ce qu'on peut le plus reprocher à Marx, ce qui a nui à plus d'un analyste et au prolétariat lui-même, c'est la conviction, qu'il partageait avec les maîtres penseurs dont il a hérité, d'avoir découvert les lois de l'histoire et d'avoir pensé, les connaissant, que les choses se dérouleraient selon ses prédictions. Tous ceux qui se dirent déçus de ne pas voir les sociétés évoluer de la façon dont ils auraient

voulu qu'elles le fassent croyaient, consciemment ou in-
consciemment, à une espèce de science de l'histoire dont ils
auraient possédé le secret. Même Max Weber, pourtant
loin de Marx, s'est rangé parmi les désenchantés. Ce mal
sévit peut-être avec plus de gravité en Allemagne qu'ailleurs, à cause de la forte tradition idéaliste qui prévaut
dans ce pays, même chez ceux qui combattent cet idéa-
lisme. Ici au Québec, ceux que l'échec au Référendum a
terrassés ne l'ont pas été à cause d'une théorie ou d'une
science de l'histoire qui ne se serait pas vérifiée, mais parce
qu'ils croyaient que l'accumulation des faits favorisait leur
option. C'est pourquoi ils sont en mesure de trouver des
explications dans la réalité plutôt que dans des postulats
invérifiables. Est-il besoin d'ajouter qu'ultimement la raison de notre échec — comme celle de la faiblesse de notre
nationalisme, dont je parlais plus haut — est à chercher
d'abord chez les Québécois francophones plutôt que chez
les autres? C'est plus sain; en effet, si l'on peut difficilement espérer changer les autres, on peut réussir quelquefois à se changer soi-même.

Aujourd'hui, à cause de la désaffection dont souffre
le marxisme, notamment en France, les étudiants d'université sont moins nombreux qu'il y a quelques années à aller
vers ce système d'interprétation. Malgré ce que je viens
d'en dire, je suis enclin à déplorer la perte d'un militan-
tisme et d'une grille d'analyse qui n'ont pas été remplacés,
ou l'ont été imparfaitement, dans la cohue des écoles riva-
les et des héritiers présomptifs; ce qui aboutit à une incohérence assez déconcertante, chacun invoquant à sa res-
cousse qui bon lui semble.

Il y a quelques jours, dans une entrevue à Radio-
Canada, un ami disait qu'il n'aimait pas Sartre; son expli-
cation n'était ni longue ni claire. J'ai compris qu'il ne
découvrait pas chez Sartre l'épaisseur humaine qu'il aurait
aimé y trouver, l'accusant ainsi d'intellectualisme sec et
vain. Il est inévitable qu'un personnage comme Sartre ne
fasse pas l'unanimité; je l'écrivais plus haut. Mon ami et

collègue québécois ne l'aime pas, non pas tant pour des raisons politiques et intellectuelles mais à cause de sa personne, de ce qu'il était comme homme. Ne l'ayant pas connu personnellement, je n'en puis rendre témoignage. Mais je voudrais transcrire ici, pour mémoire comme on dit, quelques phrases de la «Lettre d'amour à Jean-Paul Sartre» que Françoise Sagan publia en 1984 dans un livre intitulé *Avec mon meilleur souvenir*. C'est dire à quel point ce qu'elle y écrit correspond à ce que je pense de lui: «Vous êtes bien le seul écrivain que je continue à admirer en tant qu'homme. [...] vous vous êtes toujours jeté, tête baissée, au secours des faibles et des humiliés, vous avez cru en des gens, des causes, des générosités, vous vous êtes trompé parfois, ça, comme tout le monde, mais (et là contrairement à tout le monde) vous l'avez reconnu chaque fois. [...] Bref, vous avez aimé, écrit, partagé, donné tout ce que vous aviez à donner et qui était l'important, en même temps que vous refusiez tout ce que l'on vous offrait et qui était l'importance. [...] Vous avez préféré souvent être utilisé, être joué, à être indifférent, et aussi, souvent être déçu à ne pas espérer. [...] J'allai à son enterrement sans y croire, écrit-elle en terminant. C'était pourtant un bel enterrement, avec des milliers de gens disparates et qui l'accompagnèrent sur des kilomètres jusqu'à sa terre dernière. Des gens qui n'avaient pas eu la malchance de le connaître et de le voir toute une année, qui n'avaient pas cinquante clichés déchirants de lui dans la tête, des gens à qui il ne manquerait pas tous les dix jours, des gens que j'enviais, tout en les plaignant.» J'ai transcrit ces lignes de Françoise Sagan pour essayer de faire voir quelle était l'humanité de cet homme.

Le 26 septembre

Les journaux rapportaient hier que le Parti québécois, tout en gardant la souveraineté comme objectif à
long terme et comme article premier de son programme,
visait à court terme l'affirmation nationale du Québec. Ce
que firent depuis 1960 les gouvernements successifs du
Québec, en commençant d'abord et très tôt par son affirmation sur la scène internationale et dans plusieurs autres
domaines, dont l'immigration et la maîtrise de la culture
nationale. Moi qui ai peu de goût pour les débats constitu-
tionnels et pour les chartes en général, je ne puis qu'ap-
plaudir à ce geste. J'ai déjà écrit qu'il fallait prendre les
libertés que l'on estime essentielles à sa survie, quitte à
laisser les roquets se battre devant les tribunaux; entre-
temps, on favorise la création de précédents et en droit britannique, on le sait, ils ont force de loi. Ce nouveau virage
soulève de nombreuses questions. Étant donné la dépendance du Québec à tant d'égards, est-il possible d'aller
bien loin dans cette voie? Surtout si au niveau fédéral
règne un acharné — genre Trudeau — qui s'oppose au
moindre geste autonome de la colonie québécoise? Au
début des années 60, Lesage put s'en tirer grâce à la quasi-
complicité de Pearson, libéral lui aussi, qui ne semblait pas
voir aussi loin que Trudeau. Il n'avait d'ailleurs pas été élu
pour garder le Québec à sa place. Mais le PQ, même
«union-nationalisé» comme il l'est aujourd'hui, trouvera
difficilement des alliés à Ottawa. On a vu combien la gestion de la dépendance est lourde, qu'elle comporte de multiples traquenards, surtout quand un parti est élu avec
comme mandat la souveraineté ou l'affirmation nationale.
En dehors des difficultés propres au Québec, il faut bien
ajouter que le PQ-UN ne jouit pas d'une très forte crédibilité. Rien ne garantit qu'il ne laissera pas tomber sa dernière option, même mitigée, d'autant que les indépendantistes véritables ont déjà quitté ce navire en perdition et
que la majorité d'entre eux n'y reviendront probablement
pas.

Le 2 octobre

Je reste toujours confondu, non par l'usage courant du mot utopie, mais par la signification que lui donnent des personnes dites cultivées; pour elles, utopie est synonyme de rêverie. La définition du *Petit Larousse* prévaut: «système ou projet irréalisable, conception imaginaire». Or on peut, en s'appuyant sur la littérature et l'histoire de bien des peuples, montrer que c'est là une fonction essentielle de toute culture humaine. En effet l'homme, seul animal doué d'imagination, seul capable donc de se représenter ce qui n'est pas encore advenu, imagine des états de la société qui ne sont pas encore et qui, s'ils advenaient, pourraient changer, améliorer la condition humaine.

De nos jours, deux auteurs surtout ont réhabilité cette fonction humaine. Avec Castoriadis, on peut dire qu'aucun changement important dans la société ou de la société ne peut se réaliser s'il n'est pas d'abord «imaginé», c'est-à-dire s'il n'est pas d'abord une utopie; tel est le titre de son livre: *l'Institution imaginaire de la société*. Mais celui qui a le plus et le mieux développé cette idée d'utopie et d'espérance est le grand philosophe allemand Ernst Bloch. Heureusement, ces deux auteurs sont aujourd'hui mieux connus et leurs œuvres entrent peu à peu dans les dictionnaires. Ainsi, un dictionnaire publié à Londres, *The 20th Century Culture*, consacre un article à Bloch, entre autres en ces termes: «Son premier grand ouvrage était consacré à la pensée utopique [...] en poésie, en art, dans le mythe et, par-dessus tout, en musique comme indices d'un non encore advenu qui s'accomplira dans l'avenir.» On se demande pourquoi l'utopie, produit de l'imagination, et partant l'imagination elle-même, est dépréciée de nos jours. On pourrait d'abord répondre qu'à chaque époque les dominants font ce qu'il faut — en utilisant, notamment, les appareils idéologiques d'État — pour conserver le statu quo et garder le pouvoir dans la société. Aux époques où prévaut l'idéologie religieuse, la société est sacralisée; il est donc inutile de tenter d'en imaginer une autre, ce serait un crime contre le dieu-roi ou contre les textes sacrés sur lesquels s'appuie son autorité, et qui sont garants de l'excellence des institutions. De nos jours, la société est naturalisée, c'est-à-dire qu'on incite chacun à penser qu'elle est naturelle, que ce qui s'y passe et s'y pense est conforme à la nature. Adam Smith ne disait-il pas qu'il y a chez l'homme une propension *naturelle* à échanger, à troquer et à vendre, donnant ainsi naissance à l'*homo œconomicus*? Même chez les peuples sans État, des cérémonies — des rites et des mythes — sont tenues chaque année, ou à intervalles réguliers, pour rappeler l'origine de la société et assurer l'adhésion renouvelée des individus à leur organisation sociale. Ceux qui entrevoient un autre type de société sont alors, comme aujourd'hui, traités d'utopistes, c'est-à-dire de farfelus.

Si vous renvoyez dos à dos les deux empires — américain et russe — et si vous essayez d'imaginer une autre façon d'être et de vivre en société, c'est de l'utopie et de la perversion. Tout vise à dissimuler aux individus que l'organisation sociale elle-même est arbitraire et que ce sont les hommes qui créent leurs institutions et qui font leur histoire. C'est ainsi que s'explique, en grande partie, ce que l'on appelle l'inertie des masses; si on vous serine sans cesse qu'il n'y a rien à faire contre ce que vous croyez imparfait dans la société, il se peut que vous croyiez en la normalité des choses et que vous enduriez. Vous pouvez même en arriver à tolérer Pinochet puisqu'il est utopique de penser à le renverser et à créer un autre type de société.

Le 3 octobre

Je n'ai pas vu *le Déclin de l'Empire américain*; toutefois, j'ai entendu l'entrevue que Denis Arcand accordait hier à François Ricard. Assez curieusement, le débat porta sur les intellectuels et le titre du film devint ainsi *le Déclin de l'empire des intellectuels*. L'entrevue laissait croire que ce déclin est généralisé; aux États-Unis depuis la guerre du Viêt-nam, en France depuis 1968, et au Québec depuis l'échec du nationalisme. Qu'il y ait déclin de l'influence des intellectuels en France et au Québec, je n'en disconviens pas, mais qu'il se soit généralisé ces dernières années, c'est moins juste, pour la bonne raison que dans certains pays ils n'avaient pas l'influence qu'ils exercèrent en France et au Québec; on ne peut donc parler de déclin dans des pays comme le Canada et les États-Unis. Et comme le Québec est en train de devenir une province comme les autres, ne peut-on pas se demander si ce déclin ne serait pas un effet de l'américanisation croissante du Québec, s'il n'y aurait pas, non pas déclin de l'Empire américain mais son renforcement? Ne pourrait-on pas en dire autant de la France?

Au Québec, en l'espace de quelques décennies, on est passé d'une société où dominaient les clercs à la république des professeurs, puis finalement à celle où domine une nouvelle religion, celle des affaires, celle des petits et des gros Provigo. Cette évolution est singulière dans les pays occidentaux. En France, jusqu'à tout récemment, les intellectuels, et cela depuis les Lumières, depuis les encyclopédistes, ont toujours constitué une influente fraction de classe. Ce qui ne fut jamais le cas au Canada, ni aux États-Unis. Aujourd'hui les hommes d'affaires commencent à avoir ici une importance presque aussi considérable qu'au Canada et aux États-Unis. Il serait bien curieux que ce rapprochement n'ait rien à faire avec l'américanisation du Québec et ne soit qu'une coïncidence. Il faut dire que, jusqu'à l'avènement de la Révolution tranquille, la grande majorité des intellectuels étaient inféodés à l'Église; ils s'en dissocièrent momentanément durant ce qu'on nomma «la décennie romantique» de 1830 mais, après l'Union des deux Canadas, le clergé, Mgr Bourget en tête, eut tôt fait de les ramener dans le giron de l'Église ou de les mettre au pas. Je crois bien que l'influence, non seulement des intellectuels, mais de l'intelligentsia, fut maximale à partir de 1960 jusqu'au Référendum de 1980. Par ailleurs, la classe d'affaires ayant gagné le Référendum — c'est ainsi qu'on a commenté l'événement — commença à faire sentir son influence dès ce moment-là. Ce parcours idéologique est particulier au Québec et ne signifie nullement un quelconque déclin de l'Empire américain: soit que la discussion Arcand-Ricard ne touche qu'un aspect marginal et particulier du film, soit que le titre de ce film ait été mal choisi. Il est vrai, d'autre part, que les œuvres les plus riches ont tendance à être polysémiques, d'où de multiples interprétations possibles.

Que les intellectuels aient moins de pouvoir aujourd'hui au Québec, c'est évident. D'ailleurs, n'est-ce pas dans les périodes d'effervescence collective que leur pouvoir est le plus grand? Je me souviens de cette déclaration de Raymond Aron au cours d'une émission radiophonique que je fis en duplex sur les événements de 1968: «Ils ont pris la parole comme leurs ancêtres prirent la Bastille.» L'exercice de la parole est plus public que celui de la richesse, surtout depuis que les nantis pratiquent moins l'ostentation dont parle Thorstein Veblen. Au début des années 1960, plusieurs bastilles furent investies au Québec. Aujourd'hui on donne l'assaut contre les biens nationaux; comme dirait l'autre, on ne parle pas beaucoup mais on vend à tour de bras.

Le 7 octobre

Rentré dimanche de la Renardière, je lis dans le Monde diplomatique d'octobre 1986 le compte rendu d'un livre de Yves Florenne sur Malraux. Comme certains — des journalistes et d'autres — n'ont que risée, si ce n'est que mépris, pour ceux qui s'opposent au capitalisme et qui proposent ce qu'ils appellent dédaigneusement des «utopies», je veux transcrire ici, pour mémoire, quelques phrases de De Gaulle, que l'auteur du livre en question croit être la position de Malraux lui-même. Voici un De Gaulle presque inconnu: «Abolir l'humiliante condition dans laquelle une organisation économique périmée tient la plupart des travailleurs. [...] Le capitalisme porte en lui-même les motifs d'une insatisfaction massive et perpétuelle. [...] S'apprêter bon gré, mal gré, à ouvrir les portes des bastilles. Car lorsque la lutte s'engage entre le peuple et la Bastille, c'est toujours la Bastille qui finit par avoir tort.» Yves Florenne ajoute: «Le capitalisme, le marché, les bastilles, l'humiliation et le reste, ni De Gaulle, ni Malraux n'ont nourri l'illusion lyrique d'en venir à bout à eux tout seuls et tout de suite. Du moins ont-ils fixé, tout de même par des actes, beaucoup par le verbe prophétique, ce que sera inévitablement l'avenir. Ou bien il ne sera rien.»

Il faut lire, d'autre part, cette phrase de Malraux citée par le critique Claude Tannery: «L'essentiel de ma pensée, c'est la métamorphose», et il ajoute ensuite ces commentaires: «Il faut lire toute l'œuvre de Malraux à la lumière de la métamorphose comme loi du monde [...]. Il oriente sa démarche et désigne le but: refaire l'homme — ou plutôt le ressusciter. [...] Faire naître l'homme nouveau, dressé contre le destin, poursuit Tannery. Alors il se retrouve enfin dans la fraternité perdue. Fraternité non seulement avec lui-même, mais avec le cosmos.»

Le 10 octobre

J'ai cité longuement De Gaulle et Malraux, des hommes qu'on ne peut écarter dédaigneusement du revers de la main, pour indiquer que, malgré tous les soi-disant réalistes de la terre, il y eut, il est, et il sera encore des hommes et des femmes pour penser que rien n'est jamais définitif, que le sort de l'humanité n'est jamais scellé et que l'histoire démontre que cette humanité a toujours réussi à sortir des cavernes qu'on avait amoureusement construites pour elle. Il faut dire, de plus, que chaque homme et chaque femme peut aussi s'engager dans ce combat, que c'est d'ailleurs à cette condition que les choses changeront puisque ce sont les hommes et les femmes qui font l'histoire. Tous les dominants s'emploient, par tous les moyens, à leur faire croire le contraire. Je suis d'accord, d'une part, avec Alexandre de Marenches qui dit dans son livre, *le Secret des princes*, qu'il faut envisager globalement toute situation et, d'autre part, avec le Soviétique Gorbachev qui, à Reykjavík, pratique la chose; c'est donc dire qu'on ne peut plus et ne devrait plus se contenter de bricoler la *minoune*.

Le 21 octobre (ajout au 3 octobre)

Il est bien entendu que, comme je m'intéresse au phénomène de la décadence des sociétés et des empires, de l'Empire américain entre autres, et comme je suis un intellectuel, je fus tout de suite attiré par le titre du film de Arcand *le Déclin de l'Empire américain*. De retour ici, j'ai lu le scénario de ce film (Boréal) mais ne l'ai pas vu. Je ne doute pas que ce puisse être un très bon film, car un film n'est ni un essai, ni une thèse; c'est tout autre chose! Aussi, ce que j'en dis ici ne s'attache qu'à quelques-unes des idées qui y sont exprimées. Le titre même du film évoque davantage un essai que des marivaudages et des pelotages. Le scénario ayant été publié, on peut en parler comme d'un écrit. Puisque la plupart des protagonistes de ce film sont des intellectuels, appartenant à un département d'histoire, on s'accorde à reconnaître qu'ils illustrent, par leurs conversations et leurs actions, le déclin des intellectuels dont parlait Arcand dans son entrevue à

Radio-Canada. Que l'individualisme forcené prévalant dans nos sociétés puisse amorcer une dégénérescence, j'en conviens. Mais il faudrait, par ailleurs, essayer d'étayer ou de réfuter le simple énoncé que l'accession des femmes au pouvoir fut toujours liée au déclin; rien n'est moins sûr! D'autre part, il n'est pas évident que si l'on additionnait les victimes des guerres de 1750 à aujourd'hui, l'on n'arriverait pas aux cent millions de victimes couvrant la période 1525-1750. Et finalement, que ce soit une chance de vivre aux marches de l'Empire américain méritait plus qu'une phrase. Quand l'impérialisme américain nous envahit — le Québec et le Canada — est-ce vraiment une chance de voir l'économie et la culture passer à la moulinette? En somme, le titre du film m'apparaît mal choisi. À moins qu'il ne soit qu'accrocheur!

POST-SCRIPTUM

Mai 1987

Marx avait abandonné le manuscrit de *l'Idéologie allemande* à la critique rongeuse des souris; je laissai celui-ci aux morsures de l'automne et de l'hiver québécois; dans mon esprit, ces saisons maussades et stériles s'accordaient avec l'inanité d'écrire sur la situation tragique du Québec et du monde occidental. Mieux valait laisser la neige recouvrir cette désespérance qui s'était emparée de moi.

Ce manuscrit abandonné, j'essayai de réfléchir et de me documenter sur l'état des sociétés industrielles avancées en me demandant si l'émancipation sociale prônée par la sociologie critique est possible. Assez curieusement, c'est quand je commençai à rédiger ce dernier essai — qui n'est pas moins pessimiste que ce que j'écris sur le Québec — que je me décidai à faire parvenir cette chronique à Alain Horic de l'Hexagone. Il l'a fait dactylographier et me l'a renvoyée en me demandant d'y ajouter quelque chose, «une sorte de synthèse». Je veux bien essayer d'écrire encore sur le Québec, sur ce Québec qui depuis 1980 me semble irrémédiablement aller à vau-l'eau.

Le 16 juin 1987

Je crois que c'est plutôt par habitude que par goût que j'ai suivi dans les médias les débats autour de l'adhésion du Québec au «Canada Bill». Je n'ai pas changé d'idée là-dessus, seules deux positions me semblent logiques: celle de M. Trudeau qui a triomphé au Référendum de 1980 et celle qui prône l'indépendance du Québec. Le reste m'apparaît comme une espèce de broderie constitutionnelle. Comme aux plus beaux jours coloniaux, toute cette bimbeloterie s'est décidée en dehors du peuple québécois, concoctée par quelques hommes politiques enfermés autour d'un lac ontarien. Personne ne sait ce que veulent dire tous ces ajouts à la loi coloniale de 1867. Ce qui est certain, c'est que la basoche va continuer de prospérer et que de belles carrières vont s'ouvrir. Dans cet État canadien, discuter de constitution n'est pas l'occasion de proclamer des libertés mais celle de se livrer à un marchandage entre des niveaux de gouvernement, des ethnies et des langues; et tout cela dans la plus pure tradition britannique. C'est devenu avec les années une espèce de *patchwork*, d'auberge espagnole où chacun choisit sa couleur et sa pitance.

TABLE

AVANT-PROPOS

POST-SCRIPTUM

COLLECTION POLITIQUE ET SOCIÉTÉ

LOUIS BALTHAZAR
Bilan du nationalisme au Québec

COLLECTION DE POCHE TYPO

1. Gilles Hénault, *Signaux pour les voyants*, poésie, préface de Jacques Brault (l'Hexagone)
2. Yolande Villemaire, *La vie en prose*, roman (Les Herbes Rouges)
3. Paul Chamberland, *Terre Québec* suivi de *L'afficheur hurle*, de *L'inavouable* et d'*Autres poèmes*, poésie, préface d'André Brochu (l'Hexagone)
4. Jean-Guy Pilon, *Comme eau retenue*, poésie, préface de Roger Chamberland (l'Hexagone)
5. Marcel Godin, *La cruauté des faibles*, nouvelles (Les Herbes Rouges)
6. Claude Jasmin, *Pleure pas, Germaine*, roman, préface de Gérald Godin (l'Hexagone)
7. Laurent Mailhot, Pierre Nepveu, *La poésie québécoise*, anthologie (l'Hexagone)
8. André-G. Bourassa, *Surréalisme et littérature québécoise*, essai (Les Herbes Rouges)
9. Marcel Rioux, *La question du Québec*, essai (l'Hexagone)
10. Yolande Villemaire, *Meurtres à blanc*, roman (Les Herbes Rouges)
11. Madeleine Ouellette-Michalska, *Le plat de lentilles*, roman, préface de Gérald Gaudet (l'Hexagone)
12. Roland Giguère, *La main au feu*, poésie, préface de Gilles Marcotte (l'Hexagone)
13. Andrée Maillet, *Les Montréalais*, nouvelles (l'Hexagone)
14. Roger Viau, *Au milieu, la montagne*, roman, préface de Jean-Yves Soucy (Les Herbes Rouges)
15. Madeleine Ouellette-Michalska, *La femme de sable*, nouvelles (l'Hexagone)
16. Lise Gauvin, *Lettres d'une autre*, essai/fiction, préface de Paul Chamberland (l'Hexagone)
17. Fernand Ouellette, *Journal dénoué*, essai, préface de Gilles Marcotte (l'Hexagone)
18. Gilles Archambault, *Le voyageur distrait*, roman (l'Hexagone)

*Cet ouvrage
composé en Times corps 12
a été achevé d'imprimer sur les presses
de l'imprimerie Gagné à Louiseville
en avril 1988 pour le compte des
Éditions de l'Hexagone*

Imprimé au Québec (Canada)